산수의
감각

산수의 감각

생각이 복잡할 땐 산수부터 해보자

조지 셰프너 지음 · 김수경 옮김

+
−
×
÷

바다출판사

일러두기

원문은 야드 파운드 단위계를 따라 단위를 표기하였으나,
본서에서는 독자들의 편의를 위해 SI 단위계로 변환하여 표기하였다.
단위를 변환하는 과정에서 계산상 미미한 차이가 발생할 수 있음을 미리 밝혀둔다.

감사의 글

이 책을 만드는 데 실질적 도움을 준 아래의 분들에게 감사의 마음을 전합니다.

- 성실하게 자료수집을 도와준 아냐 카라바노프Anya Karavanov
- 계산을 점검하고 또 점검해준 빌 브래스토Bill Brastow
- 세세한 부분까지 꼼꼼히 비판해준 팻 브라운Pat Brown
- 나를 늘 북돋아 준 출판담당자 제인 디스텔Jane Dystel
- 나를 채찍질한 편집장 셰릴 우드러프Cheryl Woodruff
- 그리고 책 이야기를 (큰) 불평 없이 듣고 또 들어준 그레이스Grace

차례

3부 숫자로 가늠해본 일상

4부 삶과 죽음의 미지를 셈하다

서문

수학으로부터 도망친 사람들을 위해

"산수의 또 다른 분과로는
야망ambition, 산만distraction, 추화uglification, 조롱derision*이 있다"
루이스 캐럴 Lewis Carroll

이 책이 시작된 것은 1997년의 어느 날 여든이 넘은 장모님에게 일어난 한 가지 변화를 감지하면서부터다. 80대 친척어른 한 분이 암과 합병증으로 돌아가시자 평소에는 활기차고 명랑하던 장모님의 기분이 우울해지기 시작한 것이다. 분명 장모님은 그 친척 분의 상황과 자기보다 나이가 더 많은 언니를 걱정하는 것이긴 했지만 그 이상의 무언가가 장모님의 마음을 괴롭히고 있는 것 같았다. 태어나서 처음으로 장모님은 죽음을 두려워하기 시작한 것이다. 일생동안 독실한 가톨릭 신자였음에

* 《이상한 나라의 앨리스》에 나오는 문장으로 덧셈addition, 뺄셈subtraction, 곱셈multiplication, 나눗셈division에 대한 언어유희다.

도 불구하고 장모님은 죽음 이후에 또 다른 삶이 기다리고 있다는 것을 완전히 확신하지 못했다.

그래서 나는 '사후세계'라는 짧은 수필을 쓰기로 마음먹었다. 장모님을 위로하기 위해 쓴 글이라기보다는, 간단한 카오스 이론과 추론적 논리 기법을 상식선에서 버무려 죽음 이후의 삶을 속세 버전으로 설명해보려는 것이었다. 사후세계라는 인류의 미스터리를 풀었다고는 말할 수 없지만, 어쨌든 장모님은 내 글을 읽고 기분이 한층 나아진 듯 보였다.

간단한 카오스 이론으로 장모님에게 사후세계를 설명할 수 있다면, 스물한 살 먹은 아들이 왜 그렇게 자주 교통법규를 위반하는지도 수학적으로 설명할 수 있을 것 같았다. 분석 결과는 간단했고 이를 바탕으로 '범죄자가 반드시 잡히는 이유'라는 제목의 수학 에세이를 썼다. 그 덕에 속도위반 딱지는 더 이상 날아오지 않았다. 이에 고무된 나는 미 노동통계국의 임금 데이터를 이용해 고교 중퇴자, 고졸자, 대졸자의 소득을 비교한 '고등학교를 다니면서 시간당 200달러를 버는 법'이라는 글을 썼다. 그리고 내 아들은 고등학교를 무사히 마칠 수 있었다.

얼마 지나지 않아 직장에서 겪은 개인적 경험을 바탕으로 '프리마돈나 효과'와 '팀워크의 중요성'이라는 글을 썼는데, 두 글 모두 사람들이 왜 협업을 해야 하는지를 간단한 수학적 모델로 설명한 것이다. 이는 다시금 '공동의 목표'와 '왜 잘못되는 일이 더 많은가?'라는 글을 쓰는 일로 이어졌고, 그 즈음 아예 글들을 모아 한 권의 책으로 엮어내기로 했다.

한 편 한 편 글이 늘어남에 따라 나는 한 가지 사실을 발견했다. 내 주변의 친척과 친구들, 그리고 사실상 모든 정치인이, 고등학교 이후 뇌리에 남아 있던 모든 수학적 사고를 완전히 지운 채 살아간다는 것이다. 이들은 말하자면 '수학(으로부터의) 난민'인 셈이다.

누군가는 이것을 엄청난 축복이라고 말할지도 모르지만 오늘날과 같은 정보화 시대에 수학 난민이 된다는 것은 그다지 바람직한 일이 아니다. 시간과 온도, 키와 몸무게, 속도와 거리, 전압과 전력, 가격과 할인 등 숫자는 모든 곳에 존재한다. 원금, 이자, 세금, 보험, 중개비용, 교통비, 운전면허, 이 모든 것은 숫자다. 이 숫자들은 단어나 글자와는 전혀 다른 정보를 담고 있다. 각각의 숫자는 수천수만 가지의 방법으로 적용, 분석, 조작될 수 있지만—특히 조작이 용이하다—언어는 그렇지 않다.

언어와 숫자의 이러한 차이를 구별하는 것은 중요하다. 예를 들어 'twenty'라는 단어에서 'ten'이라는 단어를 뺄 수는 있지만 그 결과로 얻어진 'wty'가 무엇인지를 설명하기는 어렵다. 이 단어를 어떻게 발음해야 할지도 모르겠는데 'wty' 곱하기 'eleven'이 무엇인지는 더더욱 설명하기 어렵다. 비슷한 맥락에서, 알파벳과 똑같은 문자를 사용하는 로마 숫자가 아라비아 숫자로 대체된 것은 참으로 다행인 일이다(여기에 반론을 제기하고픈 회의론자나 수학맹들은 MMCCLXV를 CCCLXIII로 나누는 것과 같은 간단한 문제를 어떻게 계산할 것인지 한번 생각해보기 바란다).

항공 우주 과학자들이 존재하는 시대에 여전히 많은 수학 난민이 존재한다는 것은 아이러니한 일이다. 그러나 수학이 아니라면 고작 2초 일찍 일터에 가겠다고 교통사고 여섯 건 중 한 건을 유발하는 꽁무니 운전을 하는 사람들을 어떻게 설명할 것인가(30장 꽁무니 운전으로 얻는 것과 잃는 것)? 수학이 아니라면 고등학교 마지막 학년을 남기고 중퇴하겠다는 십대 아이에게 고교졸업장이 있으면 향후 50만 달러 정도의 임금을 더 받게 될 거라고 어떻게 설명할 수 있겠는가(3장 고등학교를 다니면서 시간당 200달러를 버는 법)? 수학이 아니라면 업무에 대한 책임감이 조금도 없어 보이는 동료(어느 직장에 가나 이런 사람은 꼭 있게 마련이다)를 어떻게 설득할 것인가(9장 왜 생산해야 하는가)?

이런 일들은 결코 사소한 문제가 아니다. 교통사고로 다리를 절게 될 수도 있고, 고교졸업장이 없어 가난해질 수도 있고, 책임감 없는 동료 때문에 일자리를 잃을 수도 있다. 수학을 일상생활의 문제에 어떻게 적용해야 하는지 이해한다면 이런 위험을 피할 수 있다. 아주 간단한 산수만으로도 충분하다. 미적분, 정수론, 유한 기하학과 같은 고차원적 수학은 전혀 필요 없다. 모든 수학은 덧셈, 뺄셈, 곱셈, 나눗셈이라는 사칙연산 위에 세워지기 때문이다. 모두가 잘 아는 이 네 가지의 단순한 연산을 현명하게 이용하기만 해도 거의 모든 문제를 풀 수 있다.

그러나 단 한 가지 문제만은 예외다. 매년 모든 고등학교에서는 수학 수업의 마지막을 알리는 종이 울리는 순간, 집단적 행복감에 도취된 수학 난민들이 좌뇌의 기능을 정지시키고 별안간 수학으로부터 탈출하기 시작한다.

28년 동안 자녀를 관찰하고 18년 동안 수학 및 통계 교육을 받은 내가 요며칠 과거를 돌아본 끝에 내린 결론은, 사람들이 계속해서 수학으로부터 탈출하는 이유는 수학을 가르치는 방식 때문이라는 것이다. 너무 추상적이고, 너무 상징적이며(방정식), 너무 복잡하고, 너무 엄격한데다(증명 문제를 생각해보라!), 수업시간이 너무 길다. 그래서 이 책은 실생활의 사례를 일상에서 쓰는 용어로 무조건 짧고 단순하게 기술하기로 했다. 무엇보다, 알 수 없는 기호로 가득한 모든 방정식을 없애기로 했다('37장 우주에는 우리뿐인가'에 방정식이 딱 한 번 나오긴 한다).

각 장에서 나는 삶의 여러 단면들 중 연산의 도움으로 쉽게 이해될 수 있는 사례들을 설명하고자 한다. 실생활의 이야기를 다루기 위해 대부분의 글은 북서부 태평양 연안에 사는 두 가족의 이야기를 풀어가는 방식으로 서술했다. 비록 등장인물은 가상의 인물들이지만 그들이 겪는 일만큼은 가상이 아니다. 이 책에는 다양한 유형의 수학 난민에게 바치는 글들이 담겨 있다.

- 성년을 앞둔 사람들에게는 '8장 범죄자가 반드시 잡히는 이유'와 '3장 고등학교를 다니면서 시간당 200달러를 버는

법'을

- 대학졸업자와 신혼부부들에게는 '25장 젊을 때 투자하라'와 '23장 신용카드를 사용한 대가'를
- 자기 통제가 안 되는 사람들에게는 '7장 담배 한 갑의 비용'과 '26장 도박으로 돈을 버는 사람'을
- 우유부단한 사람들에게는 '4장 최선의 결정을 내리는 방법'과 '6장 실수라는 선물'을
- 관리자들에게는 '17장 일터에서 합의가 이루어지는 방식'과 '16장 공동의 목표', '18장 MB(U)O : 달성 (불)가능한 목표 관리'를
- 의욕 넘치는 정치인들에게는 '21장 선심정치의 제왕'과 '20장 숫자는 거짓말을 하지 않는다'를
- 항상 만사태평인 사람들에게는 '22장 미국은 엄청난 빚을 지고 있다'와 '31장 제 명을 살아내는 방법'을
- 추리물을 좋아하는 사람들에게는 '37장 우주에는 우리뿐인가?'와 '27장 운의 연속과 평균의 법칙', '28장 우연의 일치는 왜 그렇게도 흔할까?'를
- 나이 드신 분들에게는 '35장 작은 무한함의 중요성'과 '36장 사후세계'를
- 피해망상가들에게는 이 책의 후기인 '왜 잘못되는 일이 더 많은가'와 '38장 라파 누이의 메시지'를 권한다.

이 책은 비록 사소한 계기로 시작됐지만 현대를 살아가는 우리들이 무엇을 해야 하고 왜 그렇게 해야 하는지를 간단한 연산을 통해 설명해주고 있다. 이제 샤프 가족과 드니얼 가족을 만나보자.

1부

선택을 이끄는 숫자의 힘

"초록색으로 사는 것도 쉽지만은 않아."

개구리 커밋 Kermit

(미국 애니메이션 '세사미 스트리트'에 등장하는 개구리 캐릭터)

1장

당신이 당신으로 존재할 확률

"영혼의 불이 켜지기만 한다면 다른 것은 아무래도 무슨 상관*이랴."

찰스 디킨스 Charles Dickens

지구상에 60억 명이나 되는 인구가 살고 있다는 사실만 놓고 보면, 인간의 삶이란 덴마크 대기에 떠다니는 먼지만큼이나 흔한 것이란 생각이 들지 모른다. 그러나 사실은 그 반대임을 보여주는 증거들도 있다. 인류학도이자 미국 북서부 지역 유명인사의 딸인 그웬돌린 샤프Gwendolyn Sharpe의 경우가 좋은 사례다.

모든 인간이 그러하듯 그웬돌린 역시 46개의 염색체로 구성되어 있다. 그중 23개는 어머니 세실리아로부터, 나머지 23개는 연락을 끊고 사는 아버지로부터 받았다. 그녀의 아버지와 어머니는 각자 46개의 염색체를 가지고 있으며 이는 23쌍으로

* 원문의 odds는 '상관'이란 뜻 이외에 '확률'이라는 뜻도 가지고 있다.

나란히 정렬되어 있다. 자연선택이라는 기적적인 과정을 통해 부모가 가지고 있는 각각의 염색체 23쌍들로부터 하나씩이 선택되고, 그렇게 부모 양쪽으로부터 받은 23개씩의 염색체가 모여 그웬돌린이 가지고 있는 46개의 염색체가 완성된다.

그웬이 어머니의 23쌍 염색체로부터 각각 한 개씩 총 23개의 염색체를 받게 될 확률은 2분의 1 곱하기 2분의 1, 다시 곱하기 2분의 1…, 이 과정을 23번 반복한 값, 즉 0.5를 23제곱한 값이 된다. 결국 그웬이 가지고 있는 바로 그 23개의 유전자를 세실리아로부터 물려받을 확률은 대략 1천만(10,000,000)분의 1이다. 이는 주州 복권에 당첨될 확률보다도 작은 수치다(주마다 차이가 있긴 하지만 워싱턴 주의 복권 당첨 확률은 7백만분의 1 정도 된다).

마찬가지로, 그웬이 아버지로부터 바로 그 23개의 염색체를 받을 확률 역시 1천만분의 1 정도다. 즉, 그웬돌린이 지금의 그웬돌린일 수 있는 확률은 100조(100,000,000,000,000)분의 1인 셈이다. 그웬돌린 샤프가 그웬돌린 샤프일 확률보다 워싱턴 주 복권에 당첨될 확률이 1,400만 배나 높은 것이다.

그러나 이 계산에는 그웬의 어머니와 아버지가 이 세상에 존재할 확률, 그래서 두 사람이 만날 확률, 그리고 성관계를 맺을 확률에 대한 계산이 빠져 있다. 그웬돌린의 부모는 태평양 연안 북서부에 위치한, 여학생 1,000명 남학생 1,000명 정원의 작은 대학에서 만났다. 당시의 많은 여학생처럼 그웬의 어머니는 대학에 다니는 동안 회계학 학위를 따고 이상형의 남자를 만나 결혼하는 것이 꿈이었다. 당시의 많은 남학생처럼 그웬돌린의 아버지는 대학을 6년 동안 다니며 정치학 학위를 따고 결혼 전에 여자들이나 좀 사귀어볼 생각이었다. 그웬돌린의 어머니의 바람대로 일이 이뤄졌다고 가정할 때, 그녀의 부모가 만나서 임신할 확률은 최대 1,000분의 1이며 그웬돌린이 이 세상에 존재할 확률은 10경분의 1(100,000,000,000,000,000분의 1)로 작아진다.

그러나 그웬돌린의 어머니가 그녀의 어머니일 확률 역시 적어도 10경분의 1이다. 그웬돌린의 아버지가 그녀의 아버지일 확률도 마찬가지다. 그러므로 그웬돌린이 그웬돌린일 수 있는 확률은 1,000,000,000,000,000,000,000,000,000,000,000,000,000,000,000,000,000분의 1 가량이다. 그러나 이 확률은 부모 중 한쪽이 불임이거나, 아이를 임신하기 전 사고로 죽거나, 두 사람이 그웬돌린을 잉태하기 전 이혼했을 가능성은 고려하지 않은 것이다. 또한 야키마(워싱턴주의 도시·역자 주)와 츄왈라(워싱턴주의 도시·역자 주) 출신인 세실리아의 부모, 세실리아 남편의 부모, 그 부모의 부모, 또 그 부모의 부모에 대한 확률은 계산되지 않았다.

이 모든 것을 과학 용어로 정리하면, 그웬돌린이 그웬돌린일 수 있는 가능성은 억의 억제곱분의 일, 조의 조제곱분의 일인 것이다. 우리 모두 마찬가지다. 각자의 삶은 측량할 수 없을 만큼 희박한 가능성을 뚫고 자연이 만들어낸 기적과 같다. 그러므로 수십억 명의 인간이 존재한다고 해서 삶이 흔하다는 뜻은 아니다. 오히려 삶은 자연이 우리에게 베풀어준 무한한 자비의 증거다.

이러한 불가능한 선물을 받기 위해서는 의무가 따른다. 국립야생기금에 매년 기부를 하는 것도 좋은 생각이지만, 삶이라는 선물에 보답하려면 돈보다는 행동이 중요하다. 자연의 자비로움에 보답하기 위해 우리 모두는 삶이라는 선물을 즐길 수 있도록 서로 돕고, 그 선물을 타인에게서 빼앗거나 해쳐서는 안 되며, 때로는 어쩔 수 없는 난관에 부딪치더라도 각자의 삶을 충분히 즐길 수 있어야 한다.

2장

당신은 원하는 무엇이든 될 수 있(없)다

"어떤 땅도 모든 것을 경작할 순 없다."

베르길리우스 Virgil (고대 로마의 시인)

미국의 어린이들은 부모와 조부모, 이모, 고모, 삼촌들로부터 사람은 원하는 무엇이든 될 수 있다는 말을 듣곤 한다. 이것은 미국의 전통이라고도 할 수 있다. 그들이 전달하려는 바는 미국이 기회의 땅이라는 것이며, 이는 사실이기도 하다. 그러나 미국의 경제적, 사회적, 인종적, 종교적 갈등을 다른 나라와 비교해본 적 없는 어린이들은 이 메시지의 의도를 잘못 이해할 수 있다. 어린이들은 원하는 무엇이든 이룰 수 있다는 말을 듣게 되지만, 이것은 사실이 아니며 지금까지 한 번도 사실인 적이 없었다.

그웬돌린 샤프는 키 157센티미터, 몸무게 47킬로그램의 건강한 스무 살 성인이다. 그렇지만 그녀가 그린 베이 패커스Green

Bay Packers(미국 위스콘신 주 그린 베이에 본거지를 둔 미식축구팀 · 역자 주)의 수비수로 뛸 순 없는 노릇이다. 그러기엔 그녀는 너무 작다. 빌리 레이 드니얼Biily Ray DeNiall은 열여섯 살에 벌써 키가 190센티미터, 몸무게는 86킬로그램이 넘었기 때문에 승마선수가 되기엔 적절치 않다. 그는 너무 크다. 레지널드의 장남인 조 밥 드니얼Joe Bob DeNiall은 비행기를 좋아하지만 결코 공군 조종사가 되지는 못할 것이다. 그는 색맹인데다 고도근시다.

많은 직업이 여러 신체적 조건을 필요로 한다. 하지만 누구도 그 모든 조건을 충족하게끔 태어나진 않는다. 미식축구 수비수와 발레리나가 되기 위한 신체조건을 동시에 타고나는 것은 불가능하다.

또한 일자리는 한정돼 있고 대부분의 경우 부족하다. 수백만까지는 아니더라도 수천 명의 미국인이 미국의 대통령이 되고 싶어 했을 것이다. 그러나 대통령이라는 직책이 존재했던 210년 동안 오직 41명만이 대통령이 될 수 있었다. 이 문제를 해결하기 위해 대통령의 임기를 하루로 줄일 수도 없는 노릇이다(설령 그렇게 한들 오직 76,000명 정도의 미국인만이 꿈을 실현할 수 있다).

정도의 차이는 있지만 국회의원, 〈포춘〉이 선정한 500대 기업의 최고경영인CEO, 메이저리그 야구선수와 같이 연봉이 높고 재미있는 직종일수록 일자리 부족 문제는 더 심각해진다. 1999년을 기준으로 세 직군의 종사자는 각각 435명, 500명,

750명으로, 총 1,685명만이 이 직업을 가졌을 뿐이다. 그해 미국의 노동인구는 약 139,000,000명으로 1,685명의 82,000배에 달하는 숫자다.

결국 이는 모든 사람이 자신이 원하는 대로 될 수는 없음을 뜻한다. 그러기엔 일자리가 많지 않다. 만약 그렇게 된다면 이 나라에는 정치인, 대통령, 투수들만 넘쳐날 뿐 진짜로 일을 하는 사람은 아무도 없을 것이다.

좋은 직업은 늘 일자리가 부족하므로 경쟁 또한 치열하다. '기회의 땅'이라는 말은 바로 여기에 등장하는 것이다. 미국에서는 신체적 조건만 만족된다면 누구든 경쟁할 수 있다. 그러나 일자리가 부족할수록 경쟁은 치열해진다.

예를 들어, 시력이 나쁜 조 밥 드니얼은 마흔 살이 되는 2020년에 미국 유명 기업의 CEO가 되어 있을 거라 상상하곤 한다. 현재 5,000명 이상의 직원을 거느린 기업체가 2,500개 정도이므로 이러한 기업의 숫자가 연 2%씩 늘어난다고 가정하면 2020년에는 약 3,900개로 증가할 것이다.

그러나 인구조사국에 따르면 2020년도의 미국 인구는 3억 2,200만 명이 될 것으로 추산된다. 만약 이 중에서 (1998년에 그러했던 것처럼) 51.3%가 고용된다고 가정하면 1억 6,500만 명의 노동자들이 조 밥과 경쟁하게 될 것이다. 이 중 절반만이 CEO가 될 만한 경력을 갖추고 있다 하더라도, 조 밥이 CEO가 될 확률은 여전히 21,000명 중 한 명 꼴이다(8,250만÷3,900). 이 확률은 그가 국회의원의 아들이라 하더라도 CEO가 되는 것은 거의 불가능에 가깝다고 말해준다.

그러나 조 밥은 오늘날의 많은 CEO들이 경영학이나 유관 분야의 석사 학위를 가지고 있음을 알고 있다. 그래서 그는 2005년까지 일류 경영대학원의 MBA를 취득하기로 계획한다. 이를 잘 마칠 경우, 고학력자를 우대하는 대기업에서 좋은 자리를 얻을 것이라 확신한다. 만약 그가 가게 될 회사가 2020년까지 직원을 20,000명으로 늘릴 경우 조 밥이 CEO가 될 확률은 20,000명 중 한 명일 것이다.

숫자상으로는 21,000분의 1이나 20,000분의 1이나 확률이 크게 나아진 것은 아닌 듯 보인다. 그러나 석사 학위 이상의 고학력자는 전체 미국인의 7%에 불과하며 그중 20%만이 경영학을 전공한다. 이 경우 회사가 과거보다 2배 이상의 직원을 뽑는다면 조 밥이 CEO가 될 확률은 560분의 1로 늘어난다(20,000×0.07×0.20×2).

하지만 확률이 이렇게 좁혀져도 조 밥은 치열하게 경쟁을 해야 한다. 그가 경영에 재능이 있다면 상황은 좀 더 나아질 것이다.

성공한 사람들의 특징은 젊은 시절 자신의 재능을 발휘할 수 있는 직업을 택한다는 것이다. 이는 자신의 경쟁력이 낮은 직종의 일은 피한다는 뜻이다. 천재적인 음악가이자 작곡가인 스티비 원더Stevie Wonder는 미술평론가로는 성공할 수 없었을 것이다. 탁월한 경제학자이자 대통령 자문위원, 그리고 연방준비제도이사회 의장인 앨런 그린스펀Alan Greenspan이 로켓츠(The Rockettes. 미국 뉴욕에 위치한 라디오 시티 뮤직홀의 전속무용단·역자 주)의 댄서로서 성공했을 가능성은 희박하다. 그러나 노력이 더 중요하다. 미국의 역사는 인내를 통해 자신의 한계를 극복한 훌륭한 인물들의 사례로 가득하다. 미국 육군사관학교인 웨스트포인트 출신으로 미군 역사상 가장 위대한 장군 중 하나로 꼽히는 조지 패튼George Patton은 심각한 학습장애가 있었다. 키가 고작 160센티미터밖에 되지 않은 머그시 보그스Muggsy Bogues는 미국 프로농구 리그에서 주전선수로 뛰며 거인들을 상대했다. 그리고 스티븐 호킹Stephen Hawking은 루게릭병을 극복하고 세계적인 천체물리학자가 되었다.

조 밥이 경영인으로서 재능이 있고 또 열심히 일한다면, 대기업의 CEO로 성공할 수 있을지도 모른다. 대략 3,900명의 재능 있고 성실한 사람들이 2020년에는 CEO가 될 것이다. 그러나 조 밥이 CEO가 되지 못하더라도 그는 여전히 성공적인 커리어를 쌓아가고 있을 수도 있다. 만약 미래에 그가 다니게 될 회사에 20,000명의 직원이 있다면, 그중 적어도 50명은 COO(최고운영책임자), CFO(최고재무책임자), CIO(최고정보관리책임자) 등 CEO보다 한두 단계 아래 수준의 임원이나 총지배인, 부사장 등 다양한 관리자의 위치에 오를 수 있다.

회사당 한 명 밖에 없는 CEO에 비교하면 이는 꽤나 확률이 높은 편이다. 조 밥이 MBA를 따고, 경영에 재능을 보이고, 열심히 일하며, 성공의 범위를 넓혀 반드시 CEO가 되는 것만을 성공이라 여기지 않는다면, 그가 '중역'이 될 가능성은 11분의 1로 늘어난다.

'앨리스의 레스토랑'(1967년 발표된 알로 거스리Arlo Guthrie의 노래로 "앨리스의 레스토랑에서는 원하는 무엇이든 얻을 수 있다."라는 가사가 반복됨 · 역자 주)은 현실이 아니다. 당신이 원하는 것을 무엇이든 이룰 수 있는 것은 아니다. 이것은 헌법이 보장하는 바도 아니다. 다만 당신이 무언가 특별한 것이 되고 싶다면, 지구상에 존재했던 그 어떤 나라에서보다도 지금의 미국에서 그 꿈을 이룰 가능성이 더 높다고 말할 수 있을 것이다.

3장

고등학교를 다니면서 시간당 200달러를 버는 법

"교육받은 자와 교육받지 못한 자의 차이는
산 사람과 죽은 사람의 차이만큼 크다"
아리스토텔레스 Aristotle

매년 수천 명의 10대들이 공부에 흥미를 잃고 좋은 성적도 받지 못한 채 고등학교를 중퇴한다. 이런 현상은 미국 북서부 시골에서도 나타난다. 열여섯 살 소년 빌리 레이 드니얼은 야심 많은 형과는 달리 고등학교 2학년이 끝날 때쯤 학교를 그만두기로 마음먹었다. 생각 있는 부모라면 다들 그렇듯이 빌리의 아버지 역시 격렬하게 반대했고 결국 소리를 지르며 언쟁이 벌어졌다.

드니얼 부자가 겨우 진정을 되찾고 난 후 빌리 레이는 도서관에 가서 미국 노동통계국이 발표한 1996년 통계 자료를 찾아보기로 했다. 여기서 그는 대학 졸업자가 일주일에 719달러, 고교 졸업자가 일주일에 450달러, 고교 중퇴자가 일주일에 318달러를 번다는 사실을 알아냈다.

물가인상을 무시하고 계산했을 때 평균적인 대졸자는 40년 동안 일해서 149만5,000달러를 번다. 고졸자는 그보다 더 오래 일할 수 있지만 이들은 44년 동안 103만 달러를 버는 것에 그친다. 이는 대졸자보다 31% 적은 액수다. 고등학교를 마치지 않은 사람들은 46년을 일하고 평균적으로 76만 달러 정도를 번다. 이는 고졸자보다 26%, 대졸자보다 49% 적은 액수다.

어떤 학교건 졸업자가 중퇴자보다 더 많은 돈을 번다. 그러나 졸업을 하려면 대가가 따른다. 바로 학교를 더 오래 다녀야 한다는 것이다.

빌리 레이가 고교 졸업장을 따려면 앞으로 2년 더 학교를 다녀야 한다. 한 학년의 수업일수는 180일이며 하루에 8시간을 공부한다고 가정할 때 총 2,880시간이 필요하다. 만약 빌리 레이가 평균 수준의 임금을 번다고 할 때 고교를 중퇴하는 대신 졸업하게 되면 270,000달러(103만 달러−76만 달러)를 더 벌 수 있다. 이는 그가 고교 졸업을 위해 1년 더 공부할 때마다 135,000달러, 혹은 한 시간 더 공부할 때마다 93달러의 돈을 더 버는 셈이 된다(135,000달러÷[180×8]).

대학 때도 고등학교와 동일한 수업일수, 동일한 시간 공부한다고 가정하면, 빌리 레이는 대학을 다니는 동안 720일간 5,760시간을 공부해야 한다. 대학 졸업으로 얻는 금전적 보상은

465,000달러이며, 이는 1년에 116,500달러, 시간당 80달러를 버는 셈이다. 이것은 시간당 최저임금의 15배가 넘는 액수다.

그러나 이 액수는 물가상승을 고려하지 않은 비현실적인 수치다.* 어떤 직업의 초임 연봉이 그 직업의 평균 연봉의 절반이고 1997년부터의 물가상승률이 5%라 가정하면, 2005년에 대학을 졸업한 사람이 40년 동안 벌어들이게 될 소득은 368만 달러이고, 2001년에 고등학교를 졸업한 사람이 44년 동안 일해서 벌어들이게 될 소득은 237만 달러, 2000년 1월 1일부터 일을 시작한 고교 중퇴자가 46년 동안 일해서 벌어들이게 될 소득은 170만 달러다(직접 계산해보고 싶은 독자들을 위해, 모든 졸업자가 일을 시작하는 날짜를 졸업 이듬해 1월 1일로 간주한다).

이는 빌리 레이가 고교 졸업을 위해 보내야 할 2년이 670,000달러의 가치가 있으며 1년에 335,000달러, 혹은 시간당 234달러의 가치가 있음을 뜻한다. 이는 변호사가 버는 돈보다 많은 액수다! 대학 공부가 131만 달러, 매년 325,000달러의 가치가 있는 것이다. 동네 피자집에서 반죽이나 빚어서는 구경도 못할 액수다.

대학원(석사나 박사)을 다니는 것도 금전적으로 매력적이다. 1996년 고학력자들은 1년 평균 48,000달러를 벌었다. 앞서 제

---

* 미국 노동통계국의 자료에 따르면 물가상승이 없었던 해는 아이젠하워가 대통령이었던 1954년이 마지막이었다. 2년 연속으로 물가상승이 없었던 해는 루즈벨트 대통령 시절인 1938년과 1939년이었다. 1954년 이래 44년간 연속해서 물가상승이 있었다.

시한 사례들과 견주어 고학력자들은 37년 동안 일하고 177만 달러를 벌게 될 것이며, 5%의 물가상승률을 가정하면 459만 달러를 벌게 될 것이다.

네 단계의 학업 성취도 별로 경제적 효과를 정리하면 다음과 같다.

학업성취도	1996년 연 소득	근무 기간	전체 소득	시간당 이득
고교중퇴	$16,536	46년	$170만	해당 없음
고교졸업	$23,400	44년	$237만	$234/1시간
대학졸업	$37,388	40년	$368만	$227/1시간
대학원졸업	$47,944	37년	$459만	$212/1시간

돈이 전부는 아니지만, 지식과 마찬가지로 돈도 더 가지는 것이 덜 가지는 것보다는 확실히 낫다. 빌리 레이를 포함해 대부분의 사람이 가질 수 있는 직업 중 가장 돈을 많이 버는 직업은 바로 학생이다. 지식이 많을수록 돈도 많이 벌 수 있으니 윈윈win-win인 셈이다. 그러므로 졸업할 때까지 학교에 남아 있는 것이 가장 현명한 선택이다. 그 외의 다른 선택들은 어떤 것이든 평생 동안 적은 돈을 벌게 만들 것이다.

적은 지식은 적은 돈을 의미하고 결국 낮은 자존감으로 이어진다. 이것이야말로 실패자들이 저지르는 최악의 선택이다.

4장

최선의 결정을 내리는 방법

"갈림길을 만나면, 어떤 선택이든 하라."

요기 베라 Yogi Berra

(미국 뉴욕 양키즈에서 활약한 야구 선수. 유명한 말을 많이 남기기도 했다.)

세실리아의 딸인 그웬돌린 샤프는 대학에 갈 것인가의 문제를 한 번도 의심해본 적이 없다. 어렸을 때부터 무조건 그렇게 될 것이라 생각했다. 그러나 고등학교 졸업이 가까워질수록 어느 대학에 가야 할지 결정이 점점 어려워졌다.

야심찬 다른 고교생들처럼 그웬돌린도 여러 대학에 지원서를 보냈다. 사실 그웬돌린은 열두 곳에 지원했는데 모두 좋은 대학이었다. SAT 점수도 높았고 성적도 좋은데다 장학금을 반드시 받아야만 하는 상황도 아니었기에 아홉 곳에서 입학허가를 받았다. 많은 시간 동안 대학에 대해 조사하고 친구들과 상의하고 학교 진학상담사와도 이야기한 끝에 다섯 곳을 추려냈다.

그러나 고등학교 졸업식을 앞두고도 그웬은 결정을 내리지 못했다. 인류학을 전공하고 싶은 그웬돌린은 딱 마음에 드는 대학을 고르지 못해 머리가 터질 지경이었다. 제일 좋은 대학은 등록금이 가장 비쌌고, 인류학과 순위가 가장 높은 대학은 두 번째로 등록금이 비쌌고, 해외 연구 프로그램이 가장 잘되어 있는 학교는 물가가 비싼 북서부의 도시 한복판에 있었으며, 집에서 가장 가까운 대학은 인류학 프로그램이 별로였고, 등록금이 가장 저렴한 학교는 소도시에 위치한 작은 학교로 취업 전망이 좋지 않았다.

대학 결정 마감일이 점점 다가오자 그웬돌린은 어머니에게 도움을 청할 수밖에 없었다. 세실리아는 놀란 기색을 숨기고 즉시 도와주겠다고 했다. 그날 저녁 설거지를 마친 뒤 두 사람은 식탁에 마주 앉아 이 문제를 어떻게 해결할지 논의했다. 먼저 세실리아는 현 상황에 대한 그웬돌린의 생각을 들어주었다. 사춘기의 부모로서 매우 훌륭한 대응방식이었다. 그런 후 세실리아는 부엌으로 가 커피 두 잔을 끓이는 동안 그웬돌린에게 모눈종이와 연필을 가져오라고 시켰다. 그웬은 영문을 알 수 없었지만 마침 소화도 안 되고 머리도 아파와서 이번만큼은 토를 달지 않았다.

두 사람이 다시 식탁에 앉았을 때 세실리아는 연필과 종이를 집어들고 그웬에게 대학을 선택하는 데 있어 중요하게 여기는 사항으로는 어떤 것들이 있는지 물어보았다. 어머니와 오랫

동안 이야기를 나누고 한두 가지는 어머니의 의견을 받아들인 끝에 그웬은 대학 선택에 있어 가장 중요한 요소로 대학의 평판, 인류학과 교과과정의 수준, 취업 전망, 등록금(세실리아가 제안), 생활비(이것 역시 세실리아가 제안), 대학원 진학 가능성, 학생들의 삶의 질, 집에서 가까운 정도, 학생 기숙사 시설 수준 등을 꼽았다.

그 다음으로, 세실리아는 그웬돌린에게 각 항목별로 대학 다섯 곳의 순위를 매기게 했다. 항목마다 가장 훌륭할 경우 5점, 가장 열악할 경우 1점을 주도록 했다. 더 많은 이야기를 나누고 다시 생각해볼 것도 없을 만큼 순위가 확실해졌을 때, 세실리아는 그웬돌린이 매긴 대학 순위를 아래와 같이 표로 작성할 수 있었다.

	대학1	대학2	대학3	대학4	대학5
대학의 평판	5	4	3	2	1
인류학과 교과과정	4	5	3	1	2
취업 전망	3	4	5	2	1
등록금	1	2	3	4	5
생활비	2	3	1	4	5
대학원 진학 가능성	3	4	5	2	1
삶의 질	5	1	2	4	3
집에서 가까운 정도	3	2	1	5	4
기숙사 시설 수준	3	4	2	5	1
총점	29	29	25	29	23

그웬돌린과 세실리아는 학교별 점수를 정리한 표를 만들고는 기뻤지만 이내 실망했다. 총점을 합산한 결과 여전히 세 개 대학이 동률이었기 때문이다. 그래서 세실리아는 그웬돌린에게 가장 중요한 항목과 그렇지 않은 항목을 정하라고 한 뒤 가중치를 부여하기로 했다. 두 사람은 의견조정 끝에 가장 중요한 세 가지 항목에는 3배의 점수를, 그 다음으로 중요한 세 가지 항목에는 2배의 점수를 주기로 했다. 세실리아가 다음의 표를 만드는 동안 그웬돌린은 기대에 가득한 눈빛으로 이를 지켜봤다(가중치를 주기 전엔 5점이 가장 높은 점수였다).

		대학1	대학2	대학4
3배의 가중치 (중요도: 상)	대학의 평판	15	12	6
	인류학과 교과과정	12	15	3
	취업 전망	9	12	6
2배의 가중치 (중요도: 중)	등록금	2	4	8
	생활비	4	6	8
	대학원 진학 가능성	6	8	4
가중치 없음 (중요도: 하)	삶의 질	5	1	4
	집과 가까운 정도	3	2	5
	기숙사 시설 수준	3	4	5
총점		59	64	49

이제야 그웬돌린은 자신의 딜레마가 무엇이었는지 알게 됐다. 첫 번째 학교는 평판이 좋아 마음에 들었고 네 번째 학교는

삶의 질이 높아 마음에 들었지만, 분석 결과 두 번째 학교가 교육의 질이나 비용 면에서 가장 좋은 학교였던 것이다. 세실리아도 이에 기쁘게 동의했다. 그리고 두 사람은 이렇게 중요한 사안에 대해 드디어 결정을 내린 것에 안도했다.

4년 뒤 인류학 학위를 거의 마칠 즈음, 그웬돌린은 또 다시 비슷한 딜레마에 봉착했다. 입학 허가를 받은 여섯 군데의 대학원 중 어느 곳을 골라야 할지 고민이 되었기 때문이다. 이번에는 그웬돌린 스스로 종이와 연필, 샤프계산기(샤프 사는 공학계산기로 유명한 회사로 샤프 모녀와는 관계없다)를 가져다 동일한 작업을 했고 여섯 곳의 대학을 세 곳으로 줄일 수 있었다. 그러나 나머지 세 대학은 점수에 차이가 없었다.

		대학원1	대학원2	대학원3
3배의 가중치	연구 기회	9	6	3
	월급과 혜택	3	9	6
	교수진	6	3	9
2배의 가중치	학문적 평판	6	2	4
	생활비	6	2	4
	해외 현장조사 기회	2	6	4
가중치 없음	학생 수	1	3	2
	교내 기숙사 수준	2	3	1
	집에서 가까운 정도	1	2	3
총점		36	36	36

첫 번째 대학은 연구 프로그램이 좋고 그웬의 전공분야에서의 평판도 매우 좋은 학교지만 재정지원이 약하고 집에서 멀다. 두 번째 대학은 재정지원이 좋고 기숙사 시설이 좋지만 연구시설과 교수진이 별로다. 세 번째 대학은 교수진도 훌륭하고 집에서도 가깝지만 연구 기회를 가질 가능성이 별로 없다. 그웬돌린은 또 다시 딜레마에 빠졌다. 가중치를 주고도 결론이 나지 않는 상황이 된 것이다.

세실리아는 그웬돌린의 분석을 꼼꼼히 살피며 여러 질문을 던졌다. 결과가 꽤나 정확하고 합리적으로 계산되었다는 것을 확신한 후 세실리아는 그웬돌린에게 순위를 매기는 방법으로 상대평가를 해보자고 했다. 세 군데 대학원 중 해당 분야에서 가장 훌륭한 곳을 고른 뒤 그곳에 무조건 10점을 주고 나머지 두 곳은 10점과 비교해 0점에서 9점까지 점수를 주도록 했다. 이렇게 하면 선호도에 있어서의 차이가 좀 더 뚜렷해질 수 있다. 그웬돌린은 이 방법에 동의했고 세실리아의 도움을 받아 재빨리 다음 표를 작성했다.

		학교1	학교2	학교3
3배의 가중치	연구 기회(10,9,8)	30	27	24
	월급과 혜택(7,10,9)	21	30	27
	교수진(8,7,10)	24	21	30
2배의 가중치	학문적 평판(10,4,9)	20	8	18
	생활비(10,4,9)	20	8	18

	해외 현장조사 기회(6,10,9)	12	20	18
가중치 없음	학생 수	7	10	9
	교내 기숙사 수준	8	10	7
	집에서 가까운 정도	5	7	10
총점		147	141	161

그웬돌린은 세 학교 중 어느 곳을 가야 하나 자신이 없었지만 이제 세 번째 대학에 가는 것이 가장 좋은 선택이라는 것을 알게 되었다. 세실리아도 이 결정에 동의했고 그웬돌린이 이제 21살이 되었으니 축하하는 뜻에서 와인 한 병을 따기로 했다. 품질 좋은 샤도네이, 새로 나온 진판델 화이트 와인, 세실리아가 개인적으로 제일 좋아하는 샤블리스 중 하나를 그웬돌린에게 고르게 했다.

그웬은 술을 마셔본 적이 없기 때문에 무엇을 골라야 할지 몰랐다. 조금 생각한 뒤에 그녀는 샤도네이라는 '계산된' 선택을 했다.

5장

멍청한 선택의 가치

"당신은 돈을 내고 선택을 사는 것입니다."

펀치 PUNCH (1841년에 창간된 영국의 주간 풍자만화 잡지)

어린 시절, 부모님과 선생님은 우리에게 어떻게 하면 똑똑하고 현명한 결정을 내릴 수 있는지를 오래도록 가르쳤다. 그러나 일단 수중에 돈이 들어오면 상황은 역전되고 도리어 바보가 되는 것이 매우 중요한 일처럼 되어버린다.

빌리 레이의 형이자 레지널드의 장남인 조 밥 드니얼이 처음으로 신용카드를 만들었을 때가 바로 그런 경우다. 그는 이전에는 가지지 못한 부를 손에 넣게 되자 성능 좋은 새 오디오를 사기로 마음먹었다. 그래서 그는 어느 날 오후 픽업트럭을 몰고 전자제품 가게로 달려가 최신 오디오를 구경했다. 조 밥은 자신이 꽤나 첨단 기술에 익숙하다고 자부하고 있었지만 선택의 폭이 너무나도 넓다는 사실에 깜짝 놀랐다. 전시되어 있는 제품만 100개가 넘었고 제조업체도 20개가 넘었다. 가격 또한 100달러도 안 되는 저렴한 제품에서 3,000달러가 넘는 것까지 다양했다.

조 밥은 선택의 폭이 너무 넓어서 어찌해야 할지를 몰랐다. 그러나 다행히도 점원이 도움을 주었다. 그는 3,000불까지는 부모의 동의 없이 일시불로 결제를 할 수 있다는 조 밥의 이야기를 듣더니 반색을 하며 많은 시간을 들여 충분한 정보를 제공했다.

조 밥은 선택을 내릴 때 늘 주의를 기울여야 한다고 학교에서 배웠기에, 점원이 최신 오디오의 중요한 기능들을 설명하고 왜 가장 좋은 제품이 가장 비싼지에 대해 설명하는 것을 꼼꼼하게 들었다. 그러나 몇 분도 안 되어 조 밥은 점원이 사용하는 용어, 줄임말, 그가 설명하는 오디오 기능들과 각 제품의 장단점을 듣는 것이 오히려 혼란만 가중시킨다는 것을 깨달았다. 그리고 모든 제품이 다 근사하게 들렸다. 복잡한 문제가 있을 때는 전문가의 조언을 듣는 것이 제일 좋다고 배운 조 밥은 점원에게 가격 대비 성능이 가장 뛰어난 제품을 추천해달라고 부탁했다.

조 밥의 머릿속이 복잡하다는 것을 알아차린 점원은 즉시 2,000불짜리 오디오를 권했다. 이는 유명한 가수가 개인적으로 즐겨 사용한다고 언급한 제품이다. 점원은 이 제품이 인기가 좋기 때문에 물량이 얼마 남지 않았을 뿐더러 조 밥이 계획한 예산보다 1,000불이나 싸고 만약 지금 바로 구매할 경우 집까지 무료로 배송해준다는 말을 덧붙였다. 조 밥은 드디어 좋은 오디오를 골랐다는 사실에 마음이 들뜬 데다 비오는 날 제품을 트럭 뒤 짐칸에 싣고 운전할 필요가 없다는 사실에 안도하며 거래를 마쳤다.

3일 뒤 조 밥은 상자에서 제품을 꺼내 조립한 후 아버지와 남동생을 방으로 불러 핑크 플로이드의 음악을 틀었다. 남동생은 엄청 감동받은 눈치였으나 아버지는, 비록 선곡은 마음에 들었지만, 제품이 마음에 들지 않았다. 아버지는 이내 방을 나가더니 음향 재현에 광적인 관심을 쏟는 오디오 마니아들을 위한 잡지를 몇 권 가지고 들어왔다.

이제 막 오디오 기술에 관심을 갖게 된 조 밥은 그 날 밤 아버지가 가져온 잡지를 읽었다. 불행히도 그는 자신의 새 오디오가 최근 비슷한 가격대의 여섯 개 제품을 대상으로 실시한 성능 비교 테스트에서 꼴찌를 차지했음을 알게 되었다. 게다가, 그가 산 모델은 곧 단종될 것이며 성능이 더 좋으면서도 가격은 저렴한 새 모델이 곧 출시될 예정이기 때문에 그가 정가를 주고 산 이 제품을 다른 상점에서는 헐값에 판매하고 있다는 것을 알게 되었다.

조 밥은 자존심은 상하지만 자신이 잘못된 선택을 했다는 것을 인정할 수밖에 없었다. 불행히도 제품 상자는 이미 내다 버렸고 계산도 3일 전에 마친 터라 오디오를 반품할 수 있는 방법이 없었다.

그 결정은 조 밥 개인에겐 안 좋은 선택이었다. 그러나 역설적이게도 경제 전체를 놓고 보면 그의 이러한 선택을 꼭 나쁘다고 할 수만은 없다. 정보가 부족한 상태에서 성급하게 내려지는 수많은 결정들은 경제적 관점에서 굉장히 중요한 가치를 가진다.

우리는 다양성의 시대를 살고 있다. 세계화와 미국 경제의 호황 덕에 조 밥을 비롯한 우리 모두는 제품을 구매할 때 전에 없이 많은 선택을 마주하게 되었다. 일반적으로 선택이라는 건 소비자에게 이로우며, 경쟁이 심한 상태에서는 더욱 그러하다. 하지만 단점도 있다. 선택지가 많고 적고를 떠나, 항상 최상의 선택이 존재한다는 것이다. 결국 최상의 선택을 제외한 다른 모든 선택은 상대적으로 열등한 것이 된다.

길게 봤을 때, 다수의 구매자들이 올바른 선택을 하면 소비자들은 결국에는 이득을 본다. 가장 좋은 제품의 생산자가 시장을 점유하게 되고, 경쟁의 초점은 오로지 가장 좋은 제품을 만들어내는 데 집중되기 때문이다.

그러나 조 밥이 최고의 오디오를 구입하게 된다면 이 경우에는 오직 한 명의 생산자만이 이득을 보게 된다. 달리 말하면, 조 밥이 잘못된 선택을 할 경우 나머지 열아홉 군데의 생산자가 이득을 볼 여지가 생기는 것이다.

그러므로 미시경제학적 차원에서 다수의 공급자들은 소비

자의 잘못된 선택을 통해서 이득을 본다. 다음 표를 보면 셋 이상의 생산자가 경쟁하는 시장에서는 확실히 그러하다는 것을 확인할 수 있다.*

경쟁업체 수	최상의 제품의 수	최상에 못 미치는 제품의 수	잘못된 선택으로 이득을 보는 업체의 수	잘못된 선택으로 이득을 보는 업체의 비율
3	1	2	2	67%
5	1	4	4	80%
7	1	6	6	86%
10	1	9	9	90%
20	1	19	19	95%
50	1	49	49	98%

비록 유명한 회사들은 최상의 제품을 만들기 위해 노력하고 시장을 세분화하여 자사 제품을 홍보하지만 이런 전략이 늘 성공하는 것만은 아니라는 걸 업체들도 잘 알고 있다. 더구나 다수의 회사들은 구매자들이 이성이 아닌 감정에 따라 구매를 결정한다고 믿는다. 그 결과 많은 광고들이 소비자들에게 올바른 정보를 전달하기보다는 감정에 호소하려고 노력한다. 가장 흔한 방법으로는 다음의 것들이 있다.

* 어느 시장이든 제품 공급업체가 한 군데거나 한 업체가 절대적으로 우세할 경우, 독점이 발생하며 정부는 경쟁을 다시 되살리기 위해 시장에 개입한다. 경쟁이 되살아나면 구매자의 과실이 발생할 가능성도 되살아난다.

1. **아이콘 연상시키기 :** 유명인이 특정 상품을 홍보함으로써 제품의 우월성을 암시하는 것이다. 물론 광고 모델은 엄청난 광고료를 지급받으며, 소비자들은 광고 모델이 주는 메시지에 영향을 받게 된다.
2. **감정에의 호소 :** 특정 상품을 소비자의 감정과 동일시하는 것이다. 예를 들면 패션=소속감·멋있음·섹스; 화장품=사랑 혹은 섹스; 음식=인정 혹은 섹스; 자동차=욕망·사회적 지위·자유·혹은 섹스, 이런 식인 것이다.
3. **우월성을 암시 :** 대부분의 생산자는 자사제품이 별로 대단하지는 않을지라도 적어도 한 군데의 경쟁사보다는 뛰어난 장점을 알고 있기 마련이다. 생산업체는 이 상대적 우월성을 홍보에 이용하여 전반적으로도 이 제품이 우월하다는 것을 암시하고자 한다. (부분을 전체로 일반화하는 이러한 논리적 오류는 기업체나 정부가 끊임없이 사용하는 방법이기도 하다.)
4. **사은품 :** 신제품을 출시하는 경우를 제외하고, 최악의 제품을 생산하는 생산자는 그 제품을 소비자가 사게 만들기 위해 다른 제품을 거저로 제공한다. 물론 사은품은 제품 가격보다는 가치가 적다. 그렇지 않다면 제품을 그냥 가져다 버리는 게 나을지도 모른다.

이러한 기법들은 구매자들로 하여금 잘못된 선택을 하게 만들 뿐 아니라 소비자들이 필요 이상으로 많이 사고, 자주 사고, 또 필요하면 돈을 빌려서라도 소비하게 만들기 위해 고안된 것이다. 그래서 소비자들이 더 자주 소비하고 더 많이 구매 실수를 할수록, 경제는 더 나아진다. 즉 크게 보면, 건강한 경제라는 것은 결국 소비자들의 잘못된 구매 선택에 달려 있다고 할 수 있다.

물론 국가 경제력이 탄탄해지는 것도 중요하지만, 그렇다고 해서 소비자들이 잘못된 선택을 일부러 할 수는 없는 노릇이다. 그 대신, 소비자들은 최상의 상품을 구매하기 위해 노력하고, 이를 통해 열등한 제조업체들이 제품의 질을 상승시키고자 노력하도록 만들어야 한다.

조 밥은 정보도 부족한데다 수완 좋은 점원을 만난 탓에 아이콘 연상(유명 가수의 인정=제품의 우월성), 감정적 호소(비싼 오디오=멋짐), 그리고 사은품(공짜=좋음) 전략에 당하고 말았다. 조 밥만 그런 것이 아니다. 오늘날 대부분의 시장에는 엄청난 수의 공급자가 있고 이는 곧 많은 구매자들이 열등한 선택을 하게 된다는 뜻이다.

경제학자들은 이러한 현상에 대해 여러 가지 정치적으로 올바른 명칭을 갖다 붙인다. 예를 들어 '구매 준최적화buy side suboptimization', '시장 비효율market inefficiency', '만족화satisficing' 등이 그 사례다. 이 모든 용어들은 결국 동일한 현상을 지칭한다. 산업화된 사회의 그 어느 시장에서든, 공급자의 대부분은 구매자의 잘못된 선택으로 이득을 본다. 그러므로 광고주나 영업자들은 구매자들을 바보로 만들기 위해 애쓰기 마련이다.

만약 당신이 조 밥처럼 정보가 별로 없다면 조 밥이 그러했듯 잘못된 결정을 내리기 쉽다. 이는 많은 제조업체들이 당신의 실수를 통해 이득을 보고, 그렇기 때문에 광고나 영업 전략을 통해 당신이 멍청한 선택을 하도록 유도하기 때문이다. 그러므로 물건을 살 때는 충분한 정보를 가지고 가장 좋은 제품을 선택하도록 노력해야 한다.

6장

실수라는 선물

"진리를 사랑하라. 그러나 잘못은 용서하라."

볼테르 Voltaire

빌리 레이의 아버지이자 워싱턴 주 하원의원인 레지널드 드니얼은 대통령 선거인단의 일원으로서 재능 있는 정치인이다. 그는 국회에 상정된 어떤 법안이든 섣불리 지지했다간 정치적 생명이 위험해지리라는 것을 잘 알고 있다. 상원의원을 노리고 있다고 알려진 그는 비록 훈련된 통계학자는 아니지만 자신의 주된 지지자들—즉 선거운동에 가장 많은 기부금을 낸 10명의 사람들—이 특정 법안의 통과를 원하고 있음이 75% 이상 확실할 때만 투표하기로 마음먹었다. 이것으로 훗날 선거자금이 모자라는 상황을 최대한 피할 수 있으리라 생각한 레지널드는 확률이 75% 이상이라고 확신할 때만 법안을 지지하고 그보다 작을 때는 기권했다. 그러나 75%라는 높은 확률의 확신을 가지고 투표에 임해도 3개의 법안을 연달아 투표할 때 실수를 하지 않을 확률은 0.75×0.75×0.75, 즉 43%보다도 작아진다. 그리고 다섯 개의 법안 모두에 대해 올바른 결정을 내릴 확률은, 비록 각각의 법안에 대한 확신이 매우 높았음에도 불구하고, 4분의 1보다 작아진다(23.7%).

예상대로 레지널드는 곧 실수를 범해 지지자들의 반감을 사고 말았다. 앞으로의 정치 생명을 그다지 신경 쓰지 않는다면 별 것 아닌 사안이었지만, 레지널드는 전략을 바꾸기로 결정했다. 루이지애나를 제외한 나머지 지역에서 선출직 공무원은 2년간 5개 이상의 법안에 기권하면 재선이 불가능해진다. 따라서 무조건 기권을 하는 것은 장기적으로는 별로 실현 가능한 대안이 아니었다. 그래서 그는 다른 방법을 찾아냈다. 온라인 여론조사 서비스 기관에 가입하고, 연구 인력을 3배로 늘렸으며, 그의 모든 자문의원과 컨설턴트들에게 90% 이상의 확실성으로 법안 지지 여부를 결정해줄 것을 지시했다.

최근 확충된 그의 연구 인력이 열심히 일했다면 이제 드니얼이 실수를 범할 확률은 10분의 1로 매우 작아졌을 것이다. 그러나 장기적으로 보면 이 방법 역시 그에게 불리하다. 레지널드가 일곱 번째 투표를 할 때쯤이면 적어도 한 번의 실수를 할 확률이 높아지고 25번째 투표를 할 때면 실수할 확률이 93%나 된다.

역사적으로 선출직 공무원은 7번에 1번보다는 더 자주 실수를 범한다. 물론 정치라는 것은 지금껏 우리의 실제 삶과는 별 상관이 없었다. 그러나 의료분야는 우리의 일상과 밀접한 관계가 있다. 의사들은 실수의 불가피성과 그에 따르는 결과 때문에 어려움을 겪는다. 인간의 생명이 위험해지는 상황들은 무한히 많다. 그러나 이를 야기하는 병이나 부상의 원인을 밝혀내는 데 우리가 쓸 수 있는 시간은 결코 무한하지 않다. 즉, 어떤 경우에는 확실한 진단을 내리기도 전에 죽음이 찾아온다는 뜻이다.

이렇게 생명이 위급한 상황에서 우리는 의사에게 원인이 100% 확실해질 때까지 기다려달라고 요구할 순 없다. 그전에 환자가 죽음을 맞이할 것이기 때문이다. 그러므로 우리는 의사들에게 필요하다면 언제든지 현명한 진단을 내릴 수 있도록 하는 권한을 준다. 그 대신 우리는 어쩔 수 없는 실수의 확률과 그로 인해 발생할 수 있는 위중한 결과를 감수해야 한다.

사실 우리 모두는 선택을 해야 하며, 그 결과로 실수를 할 수밖에 없다. (결정 회피론자들은 이의를 제기하기 전에 이 책의 후기 '왜 잘못되는 일이 더 많은가'를 읽어보기 바란다.) 왜냐하면 모든 사실과 결과, 그리고 대안들을 미처 다 파악하기도 전에 결정을 내려야만 하는 상황이 발생하기 때문이다. 만약 우리가 내리는 모든 결정에 95%의 확신을 가질 수 있다 하더라도 열네 번째 결정을 내릴 때쯤이면 적어도 한 번의 실수를 범할 확률이 그렇지 않을 확률보다 높아진다. 하루에 다섯 번의 결정을 내린다고 하면 일주일에 거의 2번, 1년이면 90번, 평생 동안 7,000번의 실수를 범하게 된다.

그러나 대부분의 사람은 95%라는 높은 확률의 확신을 가지지 못한 채 하루에 다섯 번 이상 결정을 내리게 된다. 결국 실수라는 것은 현실에서 어쩔 수 없이 일어나게 된다. 더 중요한 것은, 어떤 실수는 과감한 결정을 내릴 수 있는 용기를 증명하는 살아 있는 증거이기도 하다는 점이다. 우리는 실수라는 선물을 스스로에게만 베풀 것이 아니라, 부모님, 롤모델, 배우자, 자녀, 친구, 가족, 배우자의 가족, 직장 상사와 부하, 동료 등 주변 사람들의 실수도 너그러이 받아들일 수 있어야 한다. 그러나 '실수라는 선물'이라는 말은 위험한 실수를 반복하는 습관마저도 허용하라는 뜻은 아니다.

7장

담배 한 갑의 비용

"습관: (명사) 공짜로 얻은 족쇄"

앰브로즈 비어스 Ambros Bierce (미국의 작가)

해마다 40만 명의 미국인이 흡연으로 인해 사망한다. 이는 매년 텍사스 오스틴 시市 전체가 담배 연기 속으로 사라진 것이나 마찬가지다. 그러나 미국의 성인 5명 중 1명은 여전히 담배를 피우고 있다, 이는 오스틴에서도 마찬가지며, 10대 흡연자의 숫자마저도 증가하고 있다.

대부분의 흡연자들은 젊은 시절부터 담배에 손을 댄다. 멋져 보이기도 하거니와, 어른 흉내를 내볼 수 있는 방법이기도 하고, 돈도 별로 들지 않는다. 한 갑씩 구입하면 한 개비에 15센트 정도밖에 하지 않으니 1분에 3센트를 소비하는 꼴이다.

그러나 대부분의 흡연자는 결국 오랫동안 담배를 피우게 된다. 이들은 진정한 어른이 된 이후에야 담배를 끊는 것이 얼마나 어려운 일인지 알게 된다(4명 중 1명은 금연에 실패한다). 그러므로 비용은 계속해서 쌓이게 된다.

레지널드의 막내아들인 빌리 레이 드니얼은 올해 초 열여섯의 나이에 흡연을 시작했다. 빌리 레이는 어른 흉내를 내고 싶다는 마음에 안달이 났는지 하루에 한 갑 반씩 피웠다. 그의 흡연 습관이 그대로 유지된다면 66세에는 담뱃값으로 80,000달러를 지출하게 된다. 그러나 향후 50년 동안 매년 5%의 물가 상승이 있을 것을 가정하면 빌리 레이는 340,000달러를 쓰게 된다.

담뱃값으로 340,000달러를 사용하려면 490,000달러는 벌어야 한다(한계세율이 30% 정도라고 가정하면 150,000달러는 잡다한 소득세의 명목으로 정부에 귀속될 것이다). 금연을 하지 않는 한 그는 연평균 9,800달러의 돈을 담뱃값으로 쓰게 될 것이며, 이는 하루에 25달러가 넘는 액수다.

차라리 콜벳(고가의 스포츠카·역자 주)이 그것보다는 훨씬 싸고 안전할 것이다. 어림잡아 말해도 빌리 레이가 담배를 피우는 1분마다 그의 수명은 1분씩 줄어들 것이며, 한 갑을 피우면 한 시간 반 정도가 줄어들 것이다. 만약 그가 하루에 한 갑 반을 피우는 버릇을 50년 동안 고수한다면 그의 수명은 4~5년 정도 단축될 것이다. 이는 열여섯 살 소년에게는 별 것 아닌 것처럼 느껴지겠지만 66세쯤 되면 크게 와닿을 것이다. 그러는 동안 빌리 레이는 더 자주 아플 것이며 기운도 없고, 가까이 가면 역겨운 냄새가 날 것이다.

흡연은 전형적인 약물 중독에 해당한다. 처음에는 어쩌다 한 번이었던 것이 이내 일상이 되고, 점차 꼭 필요한 것이 되며, 결국 중독된다. 장기적으로 보면 흡연은 삶을 파괴한다. 담배 한 개비 한 개비는 백만 불의 3분의 1이나 되는 돈을 담배 농가, 담배 회사, 심장혈관외과 의사, 장의사에게 꾸준히 지불하게 만드는 약속어음이다.

이 모든 업종을 열심히 먹여 살리는 것은 단지 빌리 레이만이 아니다. 미국인 5명 중 1명은 여전히 담배를 피운다. 400,000명이 넘는 사람이 매년 흡연과 관련된 합병증으로 사망한다. 당신의 지인과 친구들이 1,000명이라고 하면 그중 160명은 담배 때문에 제 명에 못 살고 죽는다.* 그러니 당신이 담배를 피우지 않는다면 160번의 장례식을 참석할 계획을 세워야 하며, 만약 흡연자라면 자신의 장례식도 준비해야 할 것이다.

---

* 미국 인구조사국에 따르면 13초에 한 명 꼴로 사망자가 발생한다. 이는 1시간에 277명, 하루에 6,648명, 1년에 2,427,000명에 해당한다. 만약 매년 400,000명의 미국인이 담배로 사망한다면 이는 전체 사망자의 16.5%에 해당하며, 즉 1,000명당 165명이 흡연으로 사망하는 셈이다.

8장

범죄자가 반드시 잡히는 이유

"네놈들이 저질러놓은 범죄 하나하나에서 탄환이 나와,
언젠가는 네놈들의 심장을 명중시킬 것이다."

파블로 네루다 Pablo Neruda

흔히 일어나는 범죄는 잡힐 확률이 낮다. 그래서 흔한 것이다. 그러나 범죄자는 지금까지도 놀라운 일관성으로 체포되고 있다. 십대라면 당연하다 생각하겠지만, 어른들의 눈에는 여전히 미스터리다.

레지널드의 막내아들이자 고등학교 2학년생인 빌리 레이 드니얼은 포뮬러 원과 같은 자동차 경주에 숨겨진 재능이 있다고 굳게 믿고 있다. 정기적인 연습이 필요하다고 생각한 그는 매일 등하교 길에 닷지 픽업트럭을 몰고 다니며 제한속도보다 24킬로미터 이상을 과속한다.

지역 경찰은 인력이 모자라 등하교길 도로에 겨우 한 대의 순찰차를 배치할 뿐이다. 학교의 규모도 크고 길이 여러 갈래인데다 시간도 없기 때문에 경찰은 100명 중 고작 1명꼴로 과속차량을 적발할 수밖에 없다.

빌리 레이는 경찰의 단속을 주도면밀하게 꿰고 있다. 그가 학교 가는 길에 단속에 걸릴 확률은 1%에 불과하며 왕복으로 따지면 2%다. 그래서 그는 단속에 걸리지 않을 것이라는 자신감을 가지고 계속해서 과속을 했다.

한 해 수업 일수는 180일이다. 만약 빌리 레이가 과속을 그만두지 않으면 한 해 동안 평균 3.6회 적발될 것이며 졸업할 때까지 3년 동안 10~11번 딱지를 뗄 것이다. 상당한 과태료가 부과될 것이고, 빌리 레이의 보험료는 중력의 영향을 벗어날 정도로 하늘 높이 치솟을 것이며, 면허도 취소될지 모른다.

훨씬 심각한 형태의 범죄도 똑같은 이치를 따른다. 비록 한 번 잡힐 가능성은 적더라도 반복되면 확률이 쌓인다. 또한 법을 집행하는 공무원들은 조세를 납부하는 시민들의 의견에 민감하기 때문에 범죄의 심각성이 클수록 체포될 확률도 높아진다.

예를 들어 잡히지 않고 은행을 털 확률이 75%라고 하면, 4명 중 3명은 잡히지 않는 셈이다. 그러나 강도가 은행을 한 곳만 털 리 없다. 어떤 범죄든 한 번 만으로는 그다지 훌륭한 돈벌이가 되지 못하기 때문이다. 게다가 경력이 쌓이면 다음번에 잡힐 확률은 더 줄어든다.

은행 강도가 강도질로 생계를 유지하기 위해 4개월에 한 번쯤 범행을 저지른다고 가정해보자. 75%의 성공률에도 불구하고 범행을 4번 저지를 때쯤이면 잡히지 않을 확률이 32%보다도 낮아진다(0.75×0.75×0.75×0.75). 그러므로 은행 강도 3명 중 2명은 취업 1주년을 교도소에서 맞이하게 될 것이다. 2년 후에는 은행 강도 10명 중 1명만이 이 일을 계속하고 있을 것이다. 중범죄자가 거리보다 교도소에 많은 까닭이 여기에 있다.

지역 경찰에 따르면 실제로 퓨짓 사운드 지역(워싱턴 주 시애틀 근방의 해안가·역자 주)의 은행 강도 중 90%가 체포된다고 한다. 월급을 몇 번 받지도 못했는데 90%의 확률로 그만둬야 하는 일이라면 과연 그게 온전한 직업인지 심각하게 고려해봐야 할 것이다. 더구나 체포된 뒤 몇 년 동안 지역 교도소에서 복역해야 한다면 말이다.

이러한 이치는 범죄 말고도 다른 위험한 행동에도 적용된다. 피임기구 없이 성관계를 맺고도 성병에 옮지 않을 확률이 90%라고 하면, 대학에 다니는 2년 동안 병에 걸리지 않을 확률은 8%가 채 안 된다. 이는 심하게는 사망에까지 이를 수도 있는 성병에 걸릴 확률이 92% 이상이라는 뜻이다. 대학 4년을 마치기도 전에 성병에 걸릴 확률은 99%를 넘게 된다.

이러한 통계적 지식은 커리어 계획을 세울 때도 유용하게 쓰일 수 있다. 예를 들어 매달 경비보고서를 작성할 때 200달러씩 더 청구하고도 이를 들키지 않을 확률이 98%라고 가정하면, 처벌받지 않고 1년에 연봉을 2,400달러 정도 더 가져올 수 있지만 35번째 달에 당신이 잡힐 확률은 50%를 넘어서게 된다. 그때쯤이면 당신은 7,000달러 정도를 더 '벌게' 되겠지만 들키는 즉시 해고될 것이다. 만약 연봉이 48,000달러이고 비슷한 연봉의 직장을 구하는 데 6개월이 걸린다고 가정하면 당신이 보게 될 손해는 망신당하는 것을 포함해 17,000달러(24,000달러에서 잘못 청구된 7,000달러를 뺀 나머지 액수)이며 이는 200달러의 85배나 된다.

연산은 때로 가혹하다. 실수라는 게 어쩌다 한 번 일어나는 일이라고 믿는 사람들을 벌한다. 미국의 묘지에는 멍청한 실수를 반복해도 괜찮으리라고 믿다가 죽은 사람들로 가득하다. 미국의 교도소에는 범죄로 먹고 살 수 있다고 믿었던 사람이 150만 명이나 수감되어 있다. 미국의 거리에는 일을 안 해도 먹고 살 수 있을 거라 믿었던 수많은 실업자로 가득 차 있다.

어떤 범죄든 반복되면 잡힐 확률은 빠른 속도로 1에 가까워진다. 그것이 세상의 법칙이고 예외는 없다. 당신 역시 예외는 아니다.

2부

일터에서도 산수가 필요하다

"아아, 일하는 날들은 왜 이다지도
가시덤불 투성이일까!"

윌리엄 셰익스피어 William Shakespeare

9장

왜 생산해야 하는가

"기업을 움직이는 원동력은 검약이 아니라 이윤이다."

존 메이너드 케인스 John Maynard Keynes

대부분의 인간 활동은 돈을 필요로 한다. 그중 어떤 일은 돈을 아주 많이 필요로 하는데 특히 정부가 하는 일들이 그렇다. 인간 활동 중에서는 상업만이 돈을 생산한다. 그런 점에서 상업은 매우 중요하다. 왜냐하면 상업이 다른 모든 일에 필요한 비용을 지불하기 때문이다.

그러나 다른 일에 돈을 지불하기에 앞서, 가장 먼저 지불해야 할 돈은 자기 사업에 필요한 돈이다. 어떤 사업을 하든 인건비, 장비 및 시설사용비, 교통비, 외근비 등을 지출해야 한다. 이 모든 비용을 제하고 남은 돈을 수익이라고 한다. 대개 수익의 일부는 투자비용으로 남겨두고, 일부는 세금의 형태로 정부에 지불하며, 나머지는 투자자들에게 배당금의 형태로 돌려준다.

투자자는 회사를 만든다. 어떤 회사도 투자자 없이 시작한 곳은 없다. 모든 투자자의 목적은 똑같다. 그들이 투자한 돈보다 많은 돈을 돌려받는 것이다. 달리 말하면, 그 어느 투자자도 당초 투자한 돈보다 적은 돈을 돌려받고자 하는 이는 없다. 그건 마치 국회에 투자하는 것이나 마찬가지다. 법으로 강제하는 것도 아닌데 국회에 투자하는 것은 멍청한 짓이니까.

어느 사업이든 수익성이 미미하다면 사업에 드는 비용을 지불할 수 없다. 사업을 어떻게든 유지하려면 결국 새로운 자본이 투입되어야만 하고 이는 곧 더 많은 투자자가 필요하다는 것을 의미한다. 새로운 투자자들은 투자금보다 더 많은 돈을 회수할 것이라는 기대가 없다면 자본을 투입하지 않을 것이다.

그러므로 어떤 사업이든 수익을 내야 하고, 그렇지 않으면 결국 망하게 되어 있다. 한 사업체의 직원들이 월급을 받는 것은 수익을 낼 것이라는 기대 아래에서 가능하므로 결국 수익을 내야 한다는 책임을 직원 모두가 함께 짊어지는 셈이다.

수익에 대한 책임을 모두가 나눠지기 때문에 직원 개개인은 그 책임을 자신의 것이 아닌 양 생각하기 쉽다. 그러나 그런 생각은 도둑질이나 다름없다. 왜냐하면 자신의 무책임으로 인해 다른 직원들이 부당하게 더 많은 일을 하게 되면 결과적으로 그들의 시간과 노력을 빼앗는 것이기 때문이다. 자기 몫의 일을 충실히 이행하지 않는 직원은 대개 오래 고용되지 못한다.

각 개인이 짊어져야 할 부분이 얼마만큼인지는 직관적으

로 분명치 않다. 한 사람의 노동자를 고용하는 데 필요한 비용은 해당 직원의 기본 연봉의 1.5~2배 정도에 달한다. 급여를 제한 나머지 돈은 공장과 사무실, 가구, 전화, 팩스, 컴퓨터, 보험, 각종 세금 등 수없이 많은 항목으로 지출된다. 그러므로 연봉 40,000달러를 받는 직원을 한 명 고용할 경우 다른 부대비용을 모두 더하면 사실상 60,000~80,000달러의 비용이 드는 셈이다. 그러나 이런 수준으로는 수익을 낼 수 없다. 만약 세금을 제하고 10%의 수익을 내고 싶다면, 세전 15% 정도의 수익을 내야 한다(사업 수익의 3분의 1은 세금으로 나간다). 즉, 40,000달러의 본봉을 받는 직원은 70,500~94,000달러만큼의 일을 해야 하며, 이는 본봉의 1.8~2.4배에 해당한다.

그웬돌린의 엄마인 세실리아 샤프는 직원이 24명인 작은 회계 법인에 다니는데 직원의 평균 연봉이 45,000달러다. 직원 한 명당 드는 비용은 81,000달러로 연봉의 1.8배에 해당한다. 이는 회사가 손익분기점에 도달하기 위해서는 194만 4,000달러(24명×81,000달러)의 매출을 올려야 한다는 뜻이다. 만약 10%의 수익을 내고 싶다면 한 해 216만 달러, 직원 한 명당 90,000달러의 매출을 올려야 한다.

24명의 직원 중 실제로 몇 명이 수익에 기여하든, 어쨌거나 회사는 216만 달러의 매출을 올려야만 한다. 예를 들어 직원 중 2명(회사 대표의 친척)이 전혀 일을 안 한다고 하면 나머지 22명의 직원이 짊어져야 하는 매출액은 98,000달러로 늘어난다. 이를 수행하기 위해 각 직원은 9% 더 열심히 일해야 하고 이는 한 달 정도의 추가 업무에 해당한다. 당연하게도, 직원들이 좋아할 리 없다. 그러므로 회사 대표는 비록 그 문제의 인물이 자신의 친인척이라 하더라도 이를 바로 잡아야만 할 것이다.

투자수익이라는 것은 어려운 경제학 이론도 아니고 대기업이 언론에 떠벌리기 위한 숫자놀음도 아니다. 이는 자유경제의 핵심 원칙이며, 비즈니스가 계속 되기 위한 전제 조건이다. 게다가 투자수익의 원칙은 모든 업종의 직원에게 적용된다. 당신이 회사로부터 월급을 받고 어떤 형태로든 보상을 받는 한, 당신의 임무는 당신의 고용으로 발생하는 비용보다 더 많은 매출을 올려 고용주가 수익을 내게끔 하는 것이다.

과거 소비에트연방에서는 "우리는 일하는 척하고, 그들은 우리에게 월급을 주는 척한다."라는 말이 프롤레타리아들 사이에서 유행했다. 공산주의 사회에서는 일하는 척만 해도 괜찮았을 것이다. 적어도 1989년까지는 말이다. 그러나 우리는 자본주의 사회에 살고 있으므로 회사가 당신에게 돈을 주는 척 하는 것은 법에 저촉된다. 그러므로 미국에서 그저 일하는 척만 하려거든 당신은 정치인이 되거나 아니면 실업자가 될 것이다.

10장

우선순위에 집중하라

"천체도, 행성도, 그리고 우주의 중심인 지구도
그것의 위계와 서열, 지위를 지키고 있다."
윌리엄 셰익스피어 William Shakespeare

양보다는 질 중심의 빠른 서비스가 중요한 시대에, 많은 사업가는 끝없이 발생하는 새로운 업무에 직면하게 된다. 성실한 사람은 최대한 많은 일을 해내려고 노력한다. 그러나 개인의 생산성을 높이기 위해서는 단순히 열심히 하려는 열정보다 지능적으로 일을 처리하는 것이 중요하다.

예측하지 못한 업무가 계속 발생하는 상황에서 대부분의 사람들은 다음의 세 가지 방법 중 하나로 일을 처리한다.

1. 일이 발생하는 순서대로 업무를 처리한다(업계에서는 'FIFO'라는 은어를 사용하는데, 이는 선착순first in, first out의 줄임

말이다).

2. 남겨진 업무를 최소화하기 위해 가장 쉬운 일부터 먼저 한다.
3. 가장 어려운 업무일수록 예측하기도 완수하기도 힘들기 때문에 어려운 일부터 먼저 한다.

각각의 방법에는 장단점이 있으며 결과도 다르다.

세실리아 샤프는 지역 경리사무소를 컨설팅하는 업무를 맡았을 때 바로 이 세 가지 방법을 시험해보았다. 그녀는 난이도와 매출액이 서로 다른 8개의 업무 리스트를 만들어 세 방법 중 어떤 것이 가장 생산적인가를 결정하기로 했다.

업무 발생 순서	완료하는 데 드는 시간	매출액
1)	90분	$120
2)	120분	$150
3)	15분	$25
4)	60분	$50
5)	30분	$100
6)	105분	$200
7)	75분	$180
8)	45분	$75
전체	540분	$900

세실리아는 실제로 이 세 가지 방법을 시험해보기 위해, 3명

의 경리 담당자의 책상 위에 8개의 업무를 놓아두었다. 담당자들에게는 그날 마치지 못한 일은 실적으로 계산되지 않는다고 일러두었다. 또한 2시에는 출장 관련 내규를 논의하기 위해 재정부서 담당자들과 회의가 예정되어 있고 이는 하루 종일 걸릴 것이기 때문에 적어도 5시간 안에 가능한 한 많은 일을 끝내야 한다고 말했다.

9시간이 걸릴 일을 고작 5시간 안에 마치게끔 하는 것이 이 회사의 전형적인 업무 방식이라는 것을 잘 알고 있었기 때문에 (18장 참조), 3명의 장부 담당자는 평소 하던 대로 빠르고 성실하게 일을 처리했다.

1. 첫 번째 담당자는 업무가 발생한 순서대로 일을 처리했다. 5시간 뒤 그녀는 1번부터 4번까지 업무를 마쳤으며 5번째 일을 절반쯤 수행했다. 마무리가 되지 않은 업무는 실적으로 계산되지 않으므로 첫 번째 담당자가 매출에 기여한 바는 345달러다.
2. 두 번째 담당자는 무슨 일에든 에너지가 넘치는, 키가 작고 검은색 머리의 헬가라는 여성인데 늘 최대한 많은 일을 마치고 싶어 한다. 그 결과 3, 5, 8, 4, 7번의 5개 업무를 마쳤다. 또한 1번 업무의 83%를 마쳤지만 이것은 매출로 계산되지 않는다. 그녀는 총 430달러의 실적을 올렸다.
3. 세 번째 담당자는 어려운 순서대로 업무를 처리했고 겨우

2번과 6번 업무를 마쳤다. 그는 350달러의 실적을 올렸다.

세실리아는 물론, 컨설팅을 의뢰한 거래처 입장에서도 결국 가장 많은 일을 완수하는 것이 제일 좋은 방법일 것이다. 그러나 다음날 세실리아는 정말 두 번째 방법이 가장 좋은 방법인지를 확인하기 위해 업무의 순서를 거꾸로 바꾼 뒤 첫 번째 담당자에게 어제 했던 것처럼 업무를 처리해달라고 부탁했다. 그 결과 8, 7, 6, 5번의 업무를 완수할 수 있었고 555달러의 실적을 올렸다. 결국 첫 번째 방식이 가장 효과적이라는 것이 증명된 셈이다. 세실리아와 헬가, 그리고 재정부서 직원들은 적잖이 당황했다.

세실리아는 여기에서 멈추지 않았다. 그녀는 퇴근 후 집에서 샤프 계산기로 다시 문제를 분석했다. 각 업무의 시간당 매출액을 계산해 아래와 같은 순서로 업무를 재배열하자 해결책이 좀 더 명확해지기 시작했다.

업무	시간	매출액	시간당 매출액
5)	30분	$100	$200
7)	75분	$180	$144
6)	105분	$200	$114
3)	15분	$25	$100
8)	45분	$75	$100
1)	90분	$120	$80
2)	120분	$150	$75
4)	60분	$50	$50

세실리아는 다음날 출근해서 두 번째 담당자인 헬가에게 생산성 순서대로, 즉 시간당 매출액이 높은 순서대로 일을 처리해달라고 부탁했다. 5시간 동안 헬가는 5, 7, 6, 3, 8번 업무를 완수했고 총 580달러의 실적을 올렸다. 이는 지금껏 시도된 다른 방식들과 비교해 4.3% 내지는 68% 높은 수준의 생산성이다. 게다가 30분 정도 시간이 남아 출장 내규를 정하는 업무를 도와주기까지 했다.

문제를 만족스럽게 해결한 뒤 세실리아는 다음 업체와의 일을 시작했다. 그러나 회계감사를 위해 몇 달 후 다시 이 업체로 돌아온 세실리아는 놀라지 않을 수 없었다. 재정부서 직원들이 그렇게 노력을 기울였는데도 첫 번째와 세 번째 경리담당자는 예전의 방식대로 일을 처리하고 있었다. 반면 헬가는 시간 당 매출액을 계산해 일의 순서를 정하는 방식으로 프로젝트를 수행하고 있었다. 그 결과 헬가는 원가계산 담당자로 승진했으며 성과급을 받았고 원목 가구가 구비된 개인 사무실도 갖게 되었다. 칸막이가 즐비한 복도 저편에 근무하는 첫 번째 담당자와 세 번째 담당자의 미움을 사게 된 것은 말할 것도 없다.

회계감사를 하는 동안 세실리아와 헬가는 이야기를 나눌 시간이 많았다. 대화를 나누다보니 두 사람은 다음의 세 가지를 배웠다는 데 동의했다.

1. 오늘날의 기업 환경에서는 시간 안에 완수할 수 있는 양보

다 더 많은 양의 일이 주어진다.

2. 시간당 실적 중심으로 일의 우선순위를 정하는 사람이 가장 성공적이다.

3. 실적 중심으로 일의 우선순위를 정하는 방식이 분명 많은 이익을 가져옴에도 불구하고 대부분의 사람은 일이 발생하는 순서대로, 또는 일이 쉽고 어려운 순서대로 업무를 처리한다.

결국 헬가와 세실리아는 기존의 후진적인 업무 처리방식이 지속되는 이 상황이 변화를 추구하는 누군가에게는 기회가 된다는 결론에 이르렀다. 그리고 이러한 사실은 아주 가까운 동료에게만 이야기해주기로 했다.

11장

20%의 인재가 80%의 성과를 낸다?

"독재자는 어떤 변명을 해도 통한다."

이솝 Aesop

이 세상에는 수많은 '경험칙Rules of thumb'이 존재한다. 경험칙이란 증명할 수 없는 현상을 설명하기 위해 사람들이 만들어낸 일종의 가이드라인이다. 어떤 경험칙이 들어맞는 것처럼 보이면 다른 사람들도 그 규칙을 사용하게 되고, 그러다보면 널리 퍼져서 결국 지나치게 많은 사람이 믿게 된다. 유명한 경험칙 중 하나는 '80/20' 법칙이다. 매우 산술적으로 보이는 이 법칙은 10대의 20%가 문신을 한 사람의 80%라든가, 손님 중 20%가 당신의 와인 80%를 마신다든가, 고객의 20%가 매출의 80%를 차지한다든가 하는 식이다.

세실리아 샤프가 지금 일하고 있는 회계사무소에 처음 입사했을 때 몇몇 임원의 월급과 나머지 사원들의 월급 사이에 엄청난 격차가 있음을 알게 되었다. 급여 업무를 담당하던 그녀는 이 문제를 회사 대표와 상의했다. 마침 그는 80/20 법칙의 신봉자였다. 그는 20%의 직원이 회사 이익의 80%를 창출한다고 믿고 있었기에 월급에 큰 차이가 있는 것을 당연하게 여겼다.

직관적으로 세실리아는 동료 사이에 그렇게 큰 임금 격차가 있다는 사실을 받아들이기 어려웠다. 그녀는 이 불편한 마음을 스스로에게 또 상사에게 설명하기 위해 간단한 '목화 수확 모델'을 만들어보았다.

1. 10명의 농부가 100자루의 목화를 땄다고 가정해보자.
2. 80/20 법칙에 따르면 2명의 농부가 80자루의 목화를 땄다.
3. 그리고 나머지 8명의 농부는 고작 20자루의 목화를 땄다.
4. 그러므로 2명의 농부가 평균 40자루의 목화를 따고
5. 나머지 8명의 농부가 각각 2.5자루의 목화를 딴 셈이 된다.
6. 그렇다면 2명의 농부가 나머지 8명의 농부보다 16배나 생산적이라는 말인가!(40÷2.5)

세실리아의 비유는 그럴듯하게 들리긴 했지만 대표를 설득하진 못했다. 대표는 자신의 주장이 맞다는 것을 확신하면서, 세실리아가 80/20 법칙이 업무생산성을 실제로 반영하고 있다는 사실을 깨닫게 될 것이라는 데 1달러를 걸겠다고 말했다.

세실리아는 내기를 받아들였다. 그러나 회사의 업무생산성은 대개 기밀 사항이기 때문에 통계적 분석을 가능하게 해줄 비즈니스 모델을 찾기가 쉽지 않았다.

대표와의 논의 끝에 세실리아는 결국 스포츠 팀의 사례로 80/20 법칙을 시험해보기로 했다. 스포츠 팀의 경우 선수 개인과 팀 모두의 기록에 대한 통계자료가 풍부하므로 합리적인 분석이 가능할 것이기 때문이다. 그녀는 바로 그 주 일요일 인터넷을 검색하다 지금은 사라진 시애틀 레인 농구팀의 1997/1998년 통계를 찾아냈다. 이 팀에 속한 11명의 득점자는 다음과 같다.

선수	총 득점
에니스	754
와이팅	645
스타버드	557
페이	300
아이칵	269
은자이	195
홈스	195
스미스	93
갓비	73
헤지페스	85
오어	89
총점	3,255

만약 80/20 법칙이 맞다면 팀 전력의 18.2%에 해당하는 두 명의 선수, 즉 가장 많은 득점을 한 에니스와 와이팅이 득점의 80%를 차지해야만 한다. 그러나 이 두 선수는 1,399점을 올렸다. 이는 총 득점의 43%에 불과하다. 세실리아가 3번째 고득점자인 스타버드를 계산에 집어넣는다면 팀 전력의 27.3%가 총 득점의 60% 정도를 올린 셈이 된다(1,956점 또는 60.1%).

이 결과는 80/20 법칙과는 잘 맞진 않지만, 어쨌거나 개인별 생산성에 큰 격차가 있다는 사실을 보여준다. 더구나 스포츠 팀 사례를 분석해보자는 아이디어는 대표가 직접 제안한 것이긴 하지만 여성 농구팀을 분석한 결과는 인정하지 않을 게 분명하다. 그래서 그녀는 자신이 가장 좋아하는 인터넷 포털 사이트에 접속해 시애틀 수퍼소닉스 농구팀의 1997/1998년 전적을 검색했다. 그 해에는 15명의 선수가 아래와 같은 득점을 냈다.

선수	총 득점
베이커	1,574
페이튼	1,571
슈렘프	1,232
엘리스	932
호킨스	862
퍼킨스	580
커시	234
앤서니	419

윌리엄스	298
맥밀런	62
매킬베인	247
카튼	24
윈게이트	150
지덱	29
하워드	25
총점	8,239

수퍼소닉스 팀의 상위 20% 득점자인 베이커, 페이튼, 슈렘프는 총점의 53.1%(4,377점)를 차지했다. 고득점자를 5명으로 늘리면 팀 전력의 33.3%에 해당하는 선수들이 총 득점의 74.9%를 올린 셈이 된다.

80/20 법칙이 틀리긴 했지만 세실리아는 적어도 70/30 법칙이나 60/30 법칙이 존재하는 것은 아닐까 생각하게 되었다. 그러나 70/30 법칙이나 60/30 법칙마저도 생산성의 차이를 자연스럽게 설명하진 못한다는 생각에 세실리아는 득점 이외에 다른 주요한 경기실적에 대해서도 분석을 해보기로 했다.

팀	퍼센트	점수	리바운드	어시스트	가로채기	블로킹
레인	상위 27%	60%	57%	59%	51%	71%
수퍼소닉스	상위 33%	75%	69%	81%	68%	82%
평균	상위 30%	67%	63%	70%	59%	76%

전체적으로 보면 각 팀에서 상위 30%의 선수들이 3분의 2(67%)의 기여를 한 것으로 드러났다. 이 결과를 대표에게 보여주기 전 세실리아는 또 다른 스포츠 분야에 대해서도 분석을 해보기로 했다. 야구의 경우 시애틀 매리너스의 선수들(투수 제외)의 상위 30.4%가 진루의 70.4%, 안타의 69.9%, 홈런의 78.2%, 타점의 74.4%를 차지했다. 하키의 경우 밴쿠버 카눅스의 선수들 중 상위 30%가 득점의 65.8%, 어시스트의 59.4%를 차지했다.

위 네 개 팀의 성과를 정리하면 아래와 같다.

팀	상위 선수 비율	평균 생산성
레인	27.3%	59.6%
수퍼소닉스	33.3%	75.0%
매리너스	30.4%	73.2%
카눅스	30.0%	62.6%
전체	30.2%	67.6%

숫자를 보고난 뒤 대표는 적어도 직원 생산성의 문제에 있어서는 80/20 법칙을 적용하기 어려울 것 같다고 결론을 내렸다. 그러나 세실리아는 80/20 법칙처럼 입에 착 달라붙는 어감은 아니지만 좀 더 정확히 말해 67/30 법칙이 존재하며 80/20 법칙은 이를 조금 과장한 것이라는 데 동의했다. 내기에 진 대가로 대표가 1달러를 지갑에서 꺼내려 할 때 세실리아는 앞서

이야기한 '목화 수확 모델'을 다시 구성해보았다.

1. 다시, 10명의 농부가 100자루의 목화를 딴다고 가정하자.
2. 67/30 법칙에 의하면 3명의 농부가 67자루의 목화를 딴다.
3. 그리고 나머지 7명의 농부가 33자루의 목화를 딴다.
4. 그러므로 3명의 농부는 각각 23.33자루를 수확하고
5. 나머지 7명은 고작 4.714자루를 각각 수확하게 된다.
6. 그러므로 3명의 농부는 나머지 7명보다 4.9배 많은 수확을 한 셈이다!(23.33÷4.714)

세실리아는 내기에서 이겨서 기쁘긴 했지만 여전히 그 결과가 마음에 걸렸다. 스포츠 팀의 경우 스타급 선수들이 나머지 선수들보다 경기에 출전하는 시간이 길기 때문에 이 선수들의 생산성이 분명 더 높게 계산될 수밖에 없다. 그러나 비즈니스의 세계에서는 모든 사람이 똑같이 주당 40~60시간의 일을 하지 않는가.

이번에도 대표는 동의하지 않았다. 그의 의견에 따르면 스타급 선수에게 더 많은 출전 시간을 주는 것은 훌륭한 팀 운영 방식이며, 선수들마다 출전 시간을 다르게 함으로써 결국 전체 팀 생산성을 극대화할 수 있다는 것이다.

대표가 67/30 법칙에 근거해 감원할 것을 우려한 세실리아는 각 팀의 선수들이 경기에서 뛴 시간을 균등히 계산해 생산

성을 다시 분석해보자고 했다. 대표는 기꺼이 세실리아의 제안을 수락했다. 대신 경기 시간을 감안해서 계산했을 때 생산성이 10% 이상 떨어지면 이전의 1달러 내기를 취소하고 대신 액수를 2배로 올리기로 했다. 비즈니스의 세계에서는 생산성이 조금만 하락해도 수익률에 큰 손상을 입히기 때문이다.

12장

균등한 기회가 주어진다면?

"… 인생이라는 경주에서는 누구나 공정한 기회를 가져야 한다."
에이브러햄 링컨 Abraham Lincoln

(앞 장에서 보았듯이) 67/30 법칙을 '발견'할 수 있었음에도 불구하고 세실리아는 스포츠 팀의 사례에서 나타나는 생산성의 격차가 기회의 불균등 때문이라고 확신했다. 회사 대표는 더 이상 이 문제에 대해 논의하고 싶지 않아했지만 세실리아는 다시금 이 문제를 해결하고자 했다.

우선 세실리아는 한때 좋아했지만 지금은 사라진 시애틀 레인 농구팀 선수들의 경기 시간을 균등하게 설정해보기로 했다. 11명의 선수가 한 시즌 동안 8,850분을 뛰었으므로 1인 평균 804.5분씩으로 계산해 생산성을 산출했더니 아래와 같이 이전과는 매우 다른 결과가 나왔다.

선수	기회 균등 이전의 총 득점	기회 균등 이후의 총 득점
에니스	754	454
와이팅	645	375
스타버드	557	304
페이	300	188
아이칵	269	211
은자이	195	408
홈스	195	214
스미스	93	276
갓비	73	356
헤지페스	85	204
오어	89	157
팀 총 득점	3,255	3,147

레인 팀의 득점은 108점 감소했는데, 이는 경기당 2.45점에 불과하다. 물론 프로 스포츠의 세계에서는 큰 점수 차라 할 수도 있겠지만 3.3% 정도 생산성이 떨어졌을 뿐이다. 고연봉을 받는 '스타' 선수에 대한 의존성을 대폭 줄였음에도 불구하고 3.3% 정도 하락했다면 이는 매우 작은 수치다.

게다가 경기시간을 균등하게 계산하면 이른바 스타 선수들의 스타성도 정의를 달리 하게 된다. 팀의 상위 27.3% 선수인 에니스, 은자이, 와이팅은 총 득점의 39.3%를 차지할 뿐이었다. 이전 계산법의 60.1%와 비교하면 큰 차이를 보인다.

세실리아는 시애틀 수퍼소닉스의 15명의 선수들이 경기에서 뛴 시간을 1인당 평균 1,314.9분으로 설정해 득점을 계산했더니 아래의 결과를 얻었다.

선수	실제 총 득점	평균낸 뒤의 총 득점
베이커	1,574	703
페이튼	1,571	657
슈렘프	1,232	591
엘리스	932	632
호킨스	862	436
퍼킨스	580	455
커시	234	429
앤서니	419	540
윌리엄스	298	518
맥밀런	62	292
매킬베인	247	268
카튼	24	956
윈게이트	150	361
지덱	29	596
하워드	25	620
총 득점	8,239	8,054

수퍼소닉스의 경우 득점이 185점 감소했는데, 이는 총 득점의 2.2%에 불과하며 레인 팀보다 낮은 비율이다. 출전시간을 균등하게 했을 경우 상위 5명 선수(팀 전력의 33.3%)의 득점은 총 득점의 44.3%에 해당했다.

세실리아는 앞서 분석한 것과 같은 방식으로 득점 이외의 주요 경기실적에 대해서도 레인팀과 수퍼소닉스팀의 전적을 분석해보았다.

팀	퍼센트	득점	리바운드	어시스트	가로채기	블로킹
레인	상위 27%	39%	40%	42%	40%	67%
수퍼소닉스	상위 33%	44%	42%	66%	52%	72%
평균 후 전적	상위 30%	42%	41%	54%	46%	69%
평균 전 전적	상위 30%	67%	63%	70%	59%	76%

이전 분석 결과와 비교해볼 때 기회를 균등하게 제공할 경우 67/30 법칙이나 80/20 법칙보다는 50/30 법칙이 더 정확한 계산이라는 것을 확신하게 되었다. 분석을 하면 할수록 세실리아의 추측이 더 확실해지는 것 같았다.

매리너스의 1997/1998년 전적을 동일한 방법으로 계산했더니, 선수 1명이 평균 239.4번의 타석에 섰다고 가정할 때 안타가 8.3% 줄어들어 1,515번에서 1,390번으로 감소하였고 팀 타율은 0.275에서 0.252로 줄어들었다. 또한 홈런은 239번에서 163번으로(31.8%) 감소했다. 그러나 팀의 생산성을 가장 잘 보여주는 지표인 득점은 800점에서 777점으로 줄어들어 2.9% 감소했을 뿐이다. 또한 매리너스의 상위 7명의 선수(30.4%)는 진루의 38.4%, 안타의 36.5%, 홈런의 59.6%, 타점의 45.4%를 차지했을 뿐이다.

마지막으로 세실리아는 밴쿠버 카눅스의 1997/1998년 전적을 동일한 방법으로 계산해 선수 1인당 82.4건의 유효슈팅을 했다고 가정해보았다. 그러자 팀의 총 득점은 193점에서 182.7점으로 5.3% 감소했다. 그러나 어시스트는 286개에서 295.9개로 3.4% 증가했다. 팀 상위 30%의 선수가 득점의 38.2%와 어시스트의 46.8%를 차지했다.

세실리아는 두 가지 결론을 내렸다. 첫 번째는 이러한 방식을 이용할 경우 블로킹이나 홈런과 같은 부차적 지표들에는 상당한 변동이 있더라도 가장 중요한 지표인 생산성에는 아주 적은 영향을 미칠 뿐이라는 것이다.

팀	지표	생산성 저하
레인	득점	3.3%
수퍼소닉스	득점	2.2%
매리너스	진루	2.9%
카눅스	골	5.3%
평균 생산성 저하		3.4%

세실리아의 두 번째 결론은, 선수 1인당 균등한 기회를 부여하는 방식으로 계산을 하면 67/30 법칙도 무너지고 결국 47/30 법칙 정도가 무난해진다는 것이다.

기회균등 모델

팀	상위 퍼센트	기회 불균등 생산성	기회 균등 생산성
레인	27.3%	59.6%	45.5%
수퍼소닉스	33.3%	75.0%	55.3%
매리너스	30.4%	73.2%	45.0%
카눅스	30.0%	62.6%	42.5%
전체	30.2%	67.6%	47.1%

세실리아는 이 결과를 회사대표에게 보여주고 2달러를 손에 쥘 생각에 들떴지만, 그 전에 마지막으로 한 번 더 이 계산방식을 '목화 수확 모델'에 적용해보기로 했다.

1. 다시 한 번, 10명의 농부가 100자루의 목화를 딴다고 가정해보자.
2. 47/30 법칙에 따르면 3명의 농부가 47자루의 목화를 딴다.
3. 그리고 나머지 7명의 농부가 53자루의 목화를 딴다.
4. 3명의 농부는 한 명당 15.667자루를 따는 셈이고
5. 7명의 농부는 한 명당 7.571자루를 따는 셈이다.
6. 즉 3명의 농부가 나머지 7명의 농부보다 2배 넘는 생산성(2.06배)을 올리게 된다! (15.667÷7.571)

그날 저녁 회사 대표와 격렬한 논쟁을 벌인 세실리아는 재미있기도 했지만 지치기도 했던 지난 며칠 동안의 일을 되돌아보았

다. 수년 동안 분석을 더 하더라도 결론은 마찬가지일 거라는 생각이 들긴 했지만 문득 어떤 것도 증명된 것은 없다는 생각이 들었다. 다만 몇 가지 교훈을 얻은 것만은 분명했다.

1. 경험칙이라는 것은, 다른 모든 일반화와 마찬가지로, 매우 조심해서 사용해야 한다.*
2. 스타 선수 혹은 직원 몇 명에게 의존하는 방식은 기회를 균등하게 제공하는 방식보다 열등하며, 1998년 뉴욕 양키즈가 엄청난 성공을 거둔 것도 이 방식으로 설명할 수 있을 것이다.
3. 기회를 균등하게 제공한다 하더라도 일을 최고로 잘하는 사람이 나머지 사람들보다 2배 정도의 생산성을 거두는 것으로 보인다. 물론 그 사람을 기용하는 데 드는 비용은 고려하지 않고 계산했을 때 말이다.

그렇다면 두 배의 생산성을 발휘하는 사람들에게 실제 드는 비용은 얼마일까? 세실리아 사프는 다시금 의문에 휩싸였다.

---

* 개인의 생산성이라는 것은 근본적으로 한계를 지닐 수밖에 없다. 마지막 분석에서 보았듯이 근무시간을 균등하게 계산하면 80/20 법칙은 생산성을 예측하는 지표로 작동하지 못했다. 그러나 80/20 법칙이 통계적으로 유용하게 쓰일 수 있는 상황도 있다. 예를 들어 거래처 중에 대기업이 포함되어 있다면 20%의 거래처가 80%의 매출을 올려줄 수도 있을 것이다.
또는 내년 슈퍼볼 파티 때 당신이 집에 초대한 손님 중 씀씀이가 헤픈 20%의 손님이 당신의 집에 있던 와인 80%를 마셔버리는 일도 일어날 수 있다.

13장

프리마돈나 효과

"세계의 모든 대작大作은 저를 통해 만들어졌다는 사실을 알고 계십니까?"

칼 샌드버그 Carl Sandburg (미국 시카고 노동자의 삶을 그려낸 시인)

'프리마돈나'란 생산성이 예외적으로 높지만 주변 사람들의 실적에 부정적 영향을 미칠 수도 있는 사람을 의미한다. 세실리아 샤프가 다니는 회계사무소는 최근 그런 직원 하나를 고용했다. '바람돌이'라는 별명이 붙은 그는 모든 형태의 회계 업무에 능숙했다. 미수금을 받아내고 미지급금을 지불하고 착오가 발생하면 이를 수정하는 일을 회사의 그 누구보다 빠르게 처리했다. 그는 수학과 통계의 마술사 같았다. 게다가 훌륭한 재정분석가였으며, 열심히 일하기까지 했다. 상사들은 바람돌이 직원이 다른 회계사보다 2배는 더 생산적이라고 믿고 있었다.

당연하게도, 이 바람돌이 직원 역시 자신의 실적을 높이 평가하고 있었다. 그 또한 자신이 회사의 중심이라 여겼으며, 일

처리가 더딘 직원, 즉 그를 제외한 모든 직원에 대해서는 조금의 인내심도 없었다. 그는 동료들에게 회사의 비전과 실적이 형편없고 자신이 받는 성과급이 너무 적다고 불평을 늘어놓았다. 사측에도 회사의 비전이 마음에 안 들고 동료들의 실적이 형편없으며 성과급도 너무 적다고 불평했다.

시간이 지나면서 또 다른 세 명의 젊은 회계사들이 바람돌이 직원을 따라 했고, 그와 동시에 나머지 직원들은 바람돌이 직원과 그의 추종자들에 대해 슬슬 짜증이 나기 시작했다. 사람들은 편을 나누어 험담을 시작했고 기강이 무너지고 생산성도 떨어졌다.

회사 대표가 도와달라는 요청을 해옴에 따라 세실리아는 무엇이 문제인지 조사해보았다. 당연히 세실리아는 회계사의 관점에서 문제를 들여다보았다. 감사 업무를 진행하는 과정에서 세실리아는 회사에 소속된 모든 회계사들의 생산성을 분석했다. 그 결과 바람돌이 회계사는 직원들의 평균치보다 2배나 생산적이었다. 그러나 직원들이 편을 가르고 기강이 무너지고 유언비어가 난무하게 되는 과정에서 다른 직원들의 생산성이 5~15% 줄어든 것을 발견했다.

세실리아의 발견을 기반으로 회사 대표는 다음 해의 회사의 생산성 하락 폭을 예측해보았다. 비록 바람돌이 직원이 2인년(人年, 한 사람이 1년에 하는 작업량·역자 주)의 일을 해내겠지만 (그로 인해 나머지 직원 24명의 생산성이 평균 10% 하락한다고 가정할 경우)

2.4인년의 손실이 발생할 것이다. 그러므로 바람돌이가 회사에 기여하는 바는 결국 마이너스인 것이나 마찬가지다(2.0-2.4)!

회사 대표는 그 자신도 회계사이기 때문에 회사의 전반적 업적을 감소시킬 직원을 고용할 리 만무하다. 바람돌이 직원은 그 다음날 해고되었다. 그를 따르던 세 명의 회계사는 감사를 받았다. 세실리아는 바람돌이 직원을 대체할 인력을 고용하는 일을 맡게 되었다.

세실리아는 결국 칼이라는 이름을 가진 평균 실력의 회계사를 고용했다. 평범한 그는 자기주장이 강하지도 않았다. 남의 이야기를 잘 들어주는 스타일이었으며 상사의 말에 잘 따르고 부지런했으며 믿을 만한 사람이었다. 그가 업무에 투입되면서 그 팀의 전반적인 생산성은 눈에 띄게 증가했다.

세실리아는 칼이 회사에 들어온 뒤 예전의 생산성을 되찾은 것은 물론, 칼의 업무 태도로 인해 생산성이 5% 증가했다고 결론 내렸다. 그러므로 칼의 회사 기여도는 2.2인년(칼의 1인년 더하기 0.05의 24배)이나 되며 0.4인년의 감소를 가져온 전임자에 비해 2.6인년이나 높다.

회사 대표는 세실리아의 이러한 분석에 다시금 동의했다. 그는 칼에게 연봉을 올려주었다. 또한 세실리아에게 다른 회계사의 실적도 비슷한 정도로 상승시킬 수 있는 새로운 방안을 고안해줄 것을 요청했다. 엄청난 우주의 법칙을 고안해달라고 부탁한 것은 아니지만 디스커버리 채널의 열혈 시청자인 세실리아는 이 문제가 우주적 스케일의 발상의 전환을 필요로 한다는 것을 직관적으로 알 수 있었다. 예수가 태어나기 전부터 르네상스 시대에 이르기까지 사람들은 태양을 비롯한 모든 우주가 지구를 중심으로 돈다고 믿었다. 이 이론은 프톨레마이오스가 고안한 것인데, 그는 (기원전 100년 경) 당시 가장 위대한 수학자였다. 비록 지금은 삼각함수를 만들었다는 이유로 수학도들의 원성을 사고 있지만.

그러나 우주에 대한 프톨레마이오스의 이론은 폴란드의 천문학자인 코페르니쿠스에 의해 깨졌다. 프톨레마이오스의 이론은 비즈니스의 세계에서도 더 이상 작용하지 않는다. 만약 바람돌이 직원처럼 우주가 자기 자신을 중심으로 돌아간다고 생각한다면 당신의 별은 분명 추락할 것이다.

14장

팀워크의 중요성

"우리는 뭉쳐야 합니다. 그렇지 않으면 우리는
한 명씩 목이 매달리게 될 것이 확실합니다."
벤저민 프랭클린 Benjamin Franklin

자기 일을 얼마나 잘해내느냐는 당신의 미래에 매우 중요하다. 그러나 이는 직장에서의 성공을 결정짓는 유일한 요소는 아니다. 왜냐하면 회사에서도 정부에서도, 당신이 원하든 원치 않든 큰 프로젝트의 경우에는 혼자서 해낼 수 있는 일이 거의 없기 때문이다.

레지널드의 장남인 조 밥 드니얼이 전문대를 그만두고 비행기 엔지니어 수습으로 일할 때 그는 보잉777기 제작 업무에 투입되었다. 대형 여객기인 이 기종은 300만 개의 부품으로 이루어져 있다. 보잉777기를 만드는 데 드는 시간은 철저히 비밀리에 부쳐져 있다. 조 밥도 얼마나 걸리는지 모른다. 그러나 각 부품을 디자인하고, 제작하고, 테스트하고, 포장하고, 발송하고, 포장을 뜯고, 유닛별로 테스트하고, 조립하고, 다시 테스트하고, 시운전하고, 한 번 더 시운전하는 데 각각 10분씩 걸린다고 가정하면 총 3000만 분이 걸린다고 할 수 있다. 이는 노동자 한 사람이 500,000시간, 즉 250년 동안 해야 하는 분량으로 추산된다.*

만약 조 밥이 이 일을 혼자서 한다면 하루에 8시간씩 1년에 250일 일한다고 할 때 보잉 777기 한 대를 만드는 데 250년의 시간이 걸린다. 설령 조 밥이 그렇게 오래 살 수 있다고 하더라도 보잉사의 고객 대부분은 그렇게 오래 기다려주지 못할 것이다.

반면, 보잉사가 조 밥이 속한 팀에 249명의 전문가를 투입한

---

* '추산'이라는 것은 단어의 정의상 정확하지 않음을 내포한다. 그러나 그 추산을 가능케 하는 방법은 여러 가지가 있을 수 있다.

맥도널-더글라스사를 인수하기 전 보잉사는 100,000명 정도의 직원이 한 달에 30대 정도의 항공기를 제작했다. 이 중 60,000명을 새 비행기 제작에 투입하고 나머지 인력은 기존 비행기의 유지 보수나 기타 업무에 배치했다고 가정하면 비행기 한 대를 제작하는 데 한 달에 2,000명의 인력이 필요했을 것이다(한 달에 60,000명÷30대). 즉 167인년이 필요한 셈이다. 그러나 보잉사의 주력상품인 777은 737기종보다 훨씬 크고 복잡하다. 이 점을 감안해 167인년에 1.5를 곱하면 결국 250인년이라는 동일한 추산치를 얻게 된다.

우리는 또한 경제적 관점에서도 이 문제에 접근해볼 수 있다. 예를 들어, 777기종 한 대 가격이 1억 5,000만 달러라고 가정해보자. 어림잡아 제작비용이 판매가격의 50%라고 하면 7,500만 달러가 될 것이다. 이 중 60%는 부품 비용, 40%는 인건비라고 가정해보자. 그러면 777기종 한 대를 만드는 데 드는 노동 비용은 3,000만 달러 정도가 된다. 만약 보잉사의 최대 임금이 시간당 약 60달러라고 하면, 보잉 777을 제작하는 데 필요한 시간은 총 50만 시간이다. 한 사람이 하루 8시간, 일 년에 250일 일한다고 가정하면 연간 2,000시간을 일하는 셈이고, 50만 나누기 2,000을 하면 결국 250년이 된다.

다면 777기를 매년 한 대씩 만들 수 있을 것이다. 만약 6,000명의 직원을 투입한다면 777기를 2주에 한 대 꼴로 제작할 수 있으며 고객들은 자기 나이보다도 훨씬 젊은 비행기를 타고 여행할 수 있을 것이다.

우리 모두는, 특히 중년 이상의 나이든 사람들은, 자신의 나이보다는 젊은 비행기를 타고 싶을 것이다. 항공사들, 특히 국내 항공사들은 이러한 우리의 선호를 알고 있으며, 고로 비행기를 만드는 데 250년이나 걸리게끔 하진 않을 것이다. 구매자들의 이 같은 선호 경향은 거의 모든 산업에 존재한다. 비록 업체들이 늘 구매자의 선호를 알아채는 것은 아니지만 말이다.

지난해 777기 생산라인에 서서 하루 종일 일한 조 밥은 퇴근길에 새로 개업한 작은 이태리 식당에 가보기로 했다. 항공 박물관 근처에 있는 이 식당의 이름은 메이플라이였다. 나중에 알고 보니 식당 주인은 독신주의자였는데, 식당 운영과 동시에 요리를 책임지고 있었다. 또한 그는 야심만만한 산업공학자로서, 손님 한 명당 8분을 소비하면 평균 2시간의 식사 시간동안 15건의 저녁식사를 동시에 준비할 수 있겠다고 생각했다. 개업 초기에는 식사 시간에 15명 이상의 손님이 몰릴 거라고 생각하지 않았기 때문에, 그는 혼자 살아온 것처럼 혼자 식당 일을 꾸려가기로 했다.

조 밥이 메이플라이 식당에 들어섰을 때 주인은 그를 친절하게 맞이하고 자리를 안내한 뒤 메뉴판을 주었다. 그는 몇 분

뒤 물 한 잔을 가지고 돌아왔지만 조 밥은 아직 주문할 준비가 되어 있지 않았다. 잠시 후 주인은 다시 테이블로 돌아왔고 조 밥은 송아지 특선 요리를 주문했다.

주인이 조 밥에게 줄 시저샐러드를 만드는 동안, 멋진 젊은 커플이 식당에 들어왔다. 그는 첫날부터 장사가 잘 되는 것을 신에게 감사한 뒤 샐러드 만들던 것을 잠시 멈추고 손을 씻은 다음 프론트로 나가 새 손님을 맞이했다. 그는 창가에 있는 2인용 테이블로 커플을 안내한 뒤 주방으로 돌아가 얼음물 한 잔씩을 가져다주었다. 그러나 손님들은 아직 주문할 준비가 되어 있지 않았다. 그는 조 밥의 테이블에 들러 음식이 다소 늦어지는 것을 사과하고 샐러드를 완성하기 위해 주방으로 돌아갔다. 샐러드에 드레싱을 붓고 있는데 창가에 앉아 있던 남자가 주방을 향해 주문하고 싶다고 외쳤다. 주인은 시저샐러드를 들고 서둘러 주방에서 나와 조 밥의 테이블에 가져다준 뒤 재빨리 창가로 달려가 커플의 주문을 받았다.

바로 그때, 작은 아이 한 명을 동반한 5명의 가족이 식당으로 들어왔다. 주인은 커플의 주문을 받자마자 프론트로 와서 손님을 맞이했다. 가족들에게 자리를 안내하고 있을 때 조 밥은 빵을 더 달라고 했고 창가에 앉은 커플 손님은 와인목록을 요청했다. 그러는 사이, 가족 손님은 하이체어와 어린이 메뉴 3개를 주문했다. 주인이 어린이 메뉴와 와인목록, 빵, 그리고 하이체어를 가지러 간 사이 알키(시애틀의 해안가·역자 주) 부듯가에서 일하는 덩치 큰 4명의 선원들이 식당에 들어왔다. 그들은 몹시 허기지고 목이 마른 듯 보였다. 주인은 이 책 27장에 소개된 '운의 연속과 평균의 법칙'이나 후기에 소개된 '왜 잘못되는 일이 더 많은가'를 읽어봤을 리 없으니 당황할 수밖에 없었다. 그러나 행동이 빠른 그는 일단 프론트로 달려가 맥주 리스트를 살펴보고 있던 선원들을 자리로 안내했다.

4명의 선원은 자리에 앉자마자 8종류의 수제 맥주를 주문하고 서로 나눠 마실 수 있도록 잔을 추가로 부탁했다. 그때 조 밥은 주인에게 주문한 차가 아직 나오지 않았다며 가져다 달라고 요청했고, 아직 만들기 시작조차 못한 송아지 요리를 달라고 했다. 그러는 동안 커플 손님은 빵과 미네스트론(야채와 파스타를 넣은 이탈리아식 수프 · 역자 주)을 주문했고 가족 손님은 아이가 마실 물, 부부가 마실 키안티(이탈리아 토스카니 지방산의 적포도주 · 역자 주), 식사를 기다리는 동안 먹을 안티파스토(이탈리아 요리에서 전채 · 역자 주)를 주문했다.

메이플라이 식당을 찾은 12명의 손님은 개업 당일 예상했던 손님 수에 비하면 80%에 불과했다. 영업을 시작한 뒤 30분이 지났으니 손님 한 명당 2.5분씩 쓴 셈이다. 이는 당초 정밀하게 계산한 예측 값인 8분에 비하면 30%에도 못 미친다. 그럼에도 혼자서 모든 것을 다 감당하겠다는 주인의 계획은 처참하게 실패했다. 그는 당황하여 주방으로 돌아가 어떻게 해야 할지 고민했다. 여러 손님이 한 번에 들이닥치고 동시에 해결할 수 없는 주문이 밀려들어 혼란스러운 상황이 빚어지자 이를 감당하기 위해 계획을 수정하려는데 때마침 시카고 남쪽에서 버스 하나가 관광객들을 가득 싣고 와 식당에 내려주었다.

그때 조 밥과 커플, 5명의 가족 손님은 자리에서 일어나 식당을 나갔고 다시는 돌아오지 않았다. 그 뒤로 식당 주인이 연기 속으로 사라졌는지 어쨌는지 아는 사람은 아무도 없다. 알키 지역에 떠도는 소문에 의하면 4명의 선원들까지 동원되어 관광객 손님들에게 맛있는 볼로네즈 스파게티를 만들어주었고 영업이 끝날 무렵에는 모두 즐거운 시간을 보냈다고 한다.

식당이든 777기종이든 그 무엇이든, 다 마찬가지다. 팀으로 일해야 한다. 혼자서 모든 것을 잘할 순 없다. 누구든 조력자에 의존해야 한다. 아무리 은둔자라 하더라도 전기, 옷, 주방도구, 침구, 펜과 종이, 가전제품, 포장된 식품, 인터넷 등을 이용하려면 이를 제공하는 누군가의 도움을 받아야 한다. 그러므로 당신이 어떤 일을 할 기회가 생겨 혼자 일하기로 마음먹더라도 그 일을 얼마나 잘해내느냐는 결국 사람들과 얼마나 잘 지내느냐에 달려 있다.

15장

왜 회의라는 것을 할까?

"모든 실수는 협업에서 발생한다."

줄리언 데이트 Julian Date

팀워크가 잘 작동하게 하려면, 끊임없는 조정이 필요하다. 즉, 단기 목표를 설정하고, 진척을 살피고, 어려운 문제를 함께 고민하고, 일의 진행방향을 바꾸고, 팀원 모두가 정보를 공유하고 있는지 등을 계속해서 살펴야 한다. 이런 경우 팀원끼리 일대일로 의사소통하는 것은 그다지 도움이 되지 않는다. 그래서 회의가 생겨난 것이다. 그러나 많은 기업 전문가들은 회의가 시간 소모적이며 직원 간에 끊임없이 불화를 일으킬 뿐이라고 생각한다. 사기 진작을 위해서는 종종 이러한 생각을 검증해볼 필요가 있다. 세실리아 샤프도 마침 그러기로 한 참이다.

당시 세실리아는 6명의 회계사로 구성된 감사 팀을 관리하고 있었는데, 그 팀에서는 대형 고객사 두 곳의 연례 회계결산을 마무리하고 있었다. 팀원들은 고객사에 가서 진행하는 업무와 사무실에서 하는 일반 업무를 둘 다 소화하느라 바빠 매주 금요일마다 진행되는 한 시간 가량의 회의에 참석할 여유가 없다고 느꼈다. 사람들의 의견을 잘 들어주는 세실리아는 일단 실험 차원에서 회의를 없애보기로 하고 대신 팀원들끼리 직접 의사소통을 하게 했다.

그 다음 주 금요일에 세실리아는 팀원들에게 업무 스케줄 변경 건에 대해 논의해야 했다. 고객사 중 한 곳의 업무 진행이 지연되고 있기 때문에 이를 따라잡기 위해 업무량을 하루 10시간으로 늘려야 할지 아니면 토요일에 근무를 해야 할지 결정해야 했다. 혼자 결정할 문제가 아니었기 때문에 세실리아는 팀원 각자의 의견을 들어보는 시간을 갖는 것이 좋겠다고 생각했다.

세실리아는 팀원들에게 전화를 걸기 시작했다. 그러나 팀원들이 전화를 받을 확률은 25%에 불과하다는 것을 깨달았다. 왜냐하면 팀원들이 업무를 보는 장소가 여러 곳인데다 점심을 먹으러 갔을 수도 있고, 고객사와 회의 중이거나 이동 중일 수도 있기 때문이다. 결국 6명의 팀원과 연락이 닿기 위해 24통의 전화를 해야 했다.

팀원과 연락이 닿은 6건의 전화는 평균 10분씩이 걸렸고 세실리아는 통화를 할 때마다 업무 스케줄 변경의 장단점을 이야기해야 했다. 나머지 18건의 통화는 각 2분씩 소요되었다. 통화 마지막에 세실리아는 팀원들에게 서로 상의해보고 다음 주 화요일 업무 마감 때까지 결과를 알려달라고 말했다. 그래야 일을 제때 처리할 수 있기 때문이다.

다음 주 월요일 팀원들은 서로에게 연락하기 시작했다. 그중 몇몇은 가까이에서 일을 하고 있었기 때문에 평균적으로 2통의 전화 끝에 연락이 닿았다. 통화 1건 당 서로의 의견을 말하는 데 10분이 소요되었다. 화요일 오후까지 각 팀원은 의견을 나눴고 각자가 원하는 바를 10분 동안 세실리아에게 이야기했다. 총 21건의 의견 교환 끝에 결과가 나왔다.

여러 개인적인 이유로 4명의 팀원은 주중에 오래 일하는 것을 선호했고 나머지 2명은 토요일 근무를 선호했다. 물론 다수 의견이 존재하긴 하지만, 세실리아는 소수 의견을 낸 2명의 팀원들이 별도의 논의 없이 결과를 수용할 리 없다고 생각했다. 수요일인 다음날 세실리아는 팀원 각자에게 다시 전화했고 연락이 닿기 위해 평균 4통의 전화를 해야 했다. 10분 동안의 통화에서 그녀는 팀원들에게 다음날까지 상의해서 의견을 좁혀줄 것을 부탁했다.

팀원들은 똑같은 과정을 반복했고 약속한대로 목요일 저녁 세실리아에게 연락했다. 각 팀원으로부터 10분간 업데이트된 상황을 들은 세실리아는 그 사이 두 명의 의견이 바뀌었다는 사실을 알게 됐다. 이제 4명은 토요일 근무를 선호하고 2명은 주중에 길게 일할 것을 원했다.

짜증도 나고 시간도 없어 세실리아는 상사와 의논했다. 솔로

몬식 경영방식의 신봉자인 그는 이야기를 듣자마자 평일에는 9시간 일하고 토요일에는 반나절만 일하기로 결정했다. 몇 번의 통화를 시도한 끝에 가까스로 세실리아는 각 팀원에게 상사의 결정을 통보했다. 당연히 사정을 설명하는 데 시간이 좀 더 걸렸다.

팀원들이 투덜대는 동안 세실리아는 1시간짜리 주간회의를 없애고 일대일 소통체계로 대체하면서 낭비된 시간을 계산했다. 그 결과는 다음과 같다(단위: 분).

활동	세실리아	팀원 1	팀원 2	팀원 3	팀원 4	팀원 5	팀원 6
세실리아의 통화 실패	36	0	0	0	0	0	0
세실리아와 각 팀원 간의 첫 통화	60	10	10	10	10	10	10
팀원끼리의 통화 실패	0	10	10	10	10	10	10
팀원들끼리의 통화	0	50	50	50	50	50	50
세실리아에게 첫 보고	60	10	10	10	10	10	10
세실리아의 두 번째 통화 실패	36	0	0	0	0	0	0
세실리아와 팀원 간의 재통화	60	10	10	10	10	10	10
팀원끼리의 통화 실패	0	10	10	10	10	10	10
팀원끼리의 두 번째 통화	0	50	50	50	50	50	50
세실리아에게 두 번째 보고	60	10	10	10	10	10	10
상사의 결정	12	0	0	0	0	0	0
세실리아의 세 번째 통화 실패	36	0	0	0	0	0	0
세실리아와 팀원 간의 세 번째 통화	90	15	15	15	15	15	15
총 시간	450	175	175	175	175	175	175

소모된 시간의 총량은 1,500분이었고 이는 25명이 회의에 한 시간씩 소비하는 셈이다. 한 시간 회의를 할 경우 7명이 참석하게 되니 결국 18시간에 해당하는 생산성이 낭비된 셈이다. 게다가 각 팀원은 그 과정에서 17번이나 업무를 방해받았고 이는 총 102번에 해당한다. 회의 한 번이면 7번에 불과했을 텐데 말이다. 결정이 이틀이나 늦어졌다. 그리고 아무도 결과에 만족하지 않았다.

금요일인 바로 그 다음날, 세실리아와 팀원들은 예전처럼 주간 회의를 열었다. 팀원들은 회의의 질을 향상시키기 위해 아래와 같은 노력을 했다.

- 안건은 적어도 회의 하루 전에 정해둔다.
- 한 팀원이 회의에 10분 지각한 경우 결과적으로 70분의 생산성을 잃게 만드는 데다 상당한 짜증을 유발시키므로 모든 팀원은 회의에 늦지 않도록 한다.
- 회의에 참여한 모든 팀원은 정해진 안건에 집중한다.
- 회의는 제 시각에 마친다.

감사로 한창 바쁜 시기가 지나고 나서 회사 대표는 세실리아에게 그녀가 내린 결론이 맞는지 확인하기 위해 실험을 한 번 더 해볼 의향이 없는지 물었다. 팀원의 사기와 생산성을 중시하는 상사로서 세실리아는 그 자리에서 대표의 제안을 거절했다.

16장

공동의 목표

"동서고금을 막론하고, 같은 장사를 하는 사람 사이에
합의란 있을 수 없다."

존 게이 John Gay (영국의 시인 겸 극작가)

모든 회사원은 한 배를 탄 운명이고, 미래는 온통 불확실하며, 계속해서 극복해야 할 난관은 생기게 마련이기 때문에, 모든 기업은 공동의 목표를 가지는 것처럼 보인다. 그러나 이는 사실이 아니다.

시애틀은 북미에서 유일하게 우림으로 덮인 도시다. 몇 년 전 한 팀의 벌목공들이 새로운 소프트웨어 연구소 건설을 위해 거대한 삼나무를 베어달라는 요청을 받은 적이 있다. 곧이어 그루터기를 제거하기 위해 불도저가 들어왔지만 큰 그루터기가 너무 깊게 뿌리박혀 있어서 밀어낼 수 없었다. 현장 감독은 그루터기 주변을 돌며 어떻게 이 문제를 해결할까 곰곰이 생각하다 시계를 한 번 쳐다보고는 세 대의 불도저를 추가로 불러들였다.

새로 도착한 불도저 운전기사들은 모두 서로 경쟁관계에 있는 개인 사업자들로서, 개별적으로 그루터기와 지형을 조사했다. 그런 다음 네 명의 불도저 운전기사가 그루터기 주변에 쇠사슬을 감은 뒤 시동을 걸고 낮은 기어를 넣어 그루터기를 당기기 시작했다.

첫 번째 불도저는 직감에 따라 그루터기를 남쪽으로 당겼다. 두 번째 불도저 운전기사는 자신의 불도저가 첫 번째 것보다 더 힘이 좋다고 확신하고는 그루터기를 북쪽으로 당겼다. 세 번째 불도저 운전기사는 그루터기가 동쪽으로 기울어졌다고 생각해 그쪽으로 당겼다. 그리고 마지막 불도저 운전기사는 이 일을 처음 해보는 것이었고 앞의 세 운전자와 협동할 생각이 없었으므로 그루터기를 서쪽으로 당겼다.

운전기사들은 자신이 그루터기를 뽑아내 이 경쟁에서 이기길 간절히 원했다. 그래서 모두들 그루터기를 세게 그리고 오랫동안 잡아당겼다. 각 불도저는 200마력의 엔진을 가지고 있었고 엄청난 양의 에너지가 소모되었다. 그러나 그루터기는 그대로였다.

현장 감독은 문제가 무엇인지 알 수 있었다. 그럼에도 불구하고 그는 벌목공들에게 누가 이기는지 내기를 하자고 제안했고 덩치 큰 벌목공들은 지기 싫은 마음에 냉큼 판돈을 걸었다.

그는 운전기사들에게 올바른 해결을 유도하기는커녕 주유량을 두 배로 늘리고 더 힘껏 해보라고 부추겼다. 몇 시간이 지났다. 불도저들은 용을 쓰고 있었다. 검은 매연이 허공을 채웠다. 현장 감독은 이를 보면서도 계속 부추기기만 했다. 벌목공들은 응원과 야유를 보내며 파도타기를 했다. 그러나 그루터기는 꿈쩍도 하지 않았다. 어둠이 내리고 얼마 뒤, 그들은 다음날 다시 한 번 해보자고 합의했다.

다음날 아침, 소프트웨어 업체 CEO가 보라보라 섬에서 열린 중요한 업무 컨퍼런스를 마치고 돌아왔다. 성격이 급한 그는 주유 예산을 5배 늘린 후, 문신이 유난히 눈에 띄던 운전기사 하나를 해고했다. 나머지 3명의 운전기사에게는 아침 10시까지 그루터기를 없애는 데 성공하면 상당한 상여금을 줄 것이며 만약 점심시간까지 그루터기를 없애지 못하면 전원 해고할 것이라고 협박했다.

현장 감독에게 한바탕 호통을 친 뒤 CEO는 투자 은행가와 골프를 치러 갔다. 그가 낮 12시에 돌아와서 보니 불도저는 멈춰 있고 운전기사들은 점심을 먹으러 갔으며 벌목공들은 파업 중이고 담당자는 시름에 빠져 있었다. 그리고 그루터기는 그대로였다. 분노한 CEO는 불도저 운전기사들을 모두 해고하고 협상전문가를 불러 들여 벌목업체를 선정하게 했다. 또한, 그루터기를 책임질 폭파 전문가를 고용하고, 담당자에게는 새 계획을 면밀하게 관장하도록 지시했으며, 아이비리그 출신의 컨설턴트를 고용해 사업계획이 지연되는 것을 이사회에 설명하게끔 했다.

현장 감독이 해고될까 걱정이 된 폭파 전문가는 엄청난 양의 폭발물을 사용했다. 그리고 그루터기와 그 주변은 순식간에 증발되었다.

몇 달 동안 여러 번의 현장조사와 꼼꼼한 연구 끝에 컨설턴트는 250마력이면 그루터기를 뽑아내고도 남았을 것이라는 결론을 내렸다. 진흙길 위에서 50마력을 낼 수 있는 불도저라면 나무 그루터기에는 총 150마력을 쓸 수 있다. 두 대의 불도저가 그루터기를 같은 방향으로 당겼다면 300마력이 가해졌을 것이므로 그루터기는 쉽게 제거됐을 것이다.

불도저 네 대가 총 600마력의 힘을 사용했다면 일은 더 쉬워졌을 것이다. 그러나 운전기사들은 협동보다는 경쟁에 몰두했고 그루터기를 각기 다른 방향으로 잡아당겼다. 그래서 결국 그루터기에 가해진 힘은 영零이 되었다. 예술적 감각이 뛰어난 운전기사 하나를 해고했지만 결과는 달라지지 않았다. 왜냐하면 나머지 세 명의 운전기사 중 두 명이 반대 방향으로 그루터기를 당겼기 때문이다. 결국 나머지 한 사람만 홀로 고군분투하는 셈이 되어버렸다.

컨설턴트가 이러한 내용의 보고서를 이사회에 제출하고 얼마 뒤 CEO는 그를 회사의 새로운 최고재정담당책임자로 고용했다. 불도저 기사 세 명은 아직 이름은 정하지 못했지만 커피 회사 하나를 차리기로 했다. 이 일로 오랫동안 후유증에 시달렸던 현장 감독은 회복기를 거쳐 애리조나로 은퇴했다.

공동의 목적을 갖는 것이 얼마나 중요한지를 결코 배우지 못한 CEO는 이후 작가이자 투자 은행가로 잠시 활동하다 결국 국회의원에 선출되었다. 그가 공통된 목적의 중요성을 모른다고 해서 앞으로의 경력에 크게 문제가 될 것 같지는 않다. (전쟁 때를 제외하고) 국회에서는 공동의 목적이라는 것 자체가 흔치 않기 때문이다.

공동의 목적이라는 것은 적은 수의 인원으로 많은 수를 이겨야 할 때 필요하다. 협동하는 두 사람이 협동하지 않는 네 사람, 혹은 여섯 사람, 혹은 600명의 사람을 이길 수 있다. 그러나 공통된 목적에 헌신하는 것은 단지 하나의 공통된 목표를 받아들이는 것으로 끝나지 않는다. 공동의 목적을 갖기 위해서는 늘 개인의 이해관계를 내려놓는 것이 필요하며 이것이 훨씬 더 어려운 일이다.

17장

일터에서 합의가 이루어지는 방식

"합의는 리더십에 대한 해독제다."

줄리언 데이트 Julian Date

의견 단일화란 가정이나 기업에서 합의를 도출하는 하나의 방법으로, 어떤 이들은 이 방식이 일본에서 완성된 것이라고 믿는다. 팀원들끼리의 의견 단일화는 실수가 발생할 확률을 최소화하고 전체 결정에 대한 팀원들의 헌신을 분명히 하는데 목적이 있다. 그 의도 자체는 칭찬할 만하다. 그러나 이러한 합의방식은 장점과 단점을 동시에 갖고 있기 때문에 조심해서 사용해야 한다.

레지널드 드니얼이 지금보다 젊고 진지한 청년이었을 때, 그는 크립토그램이라는 소프트웨어 회사의 CEO이었다. 이 회사는 은행 간 금융 거래 시 전자 전송의 보안에 필요한 암호화 시스템을 만들었다. 창업한 지 6년 만에 회사는 은행 간 거래업무

시장에서 상당한 점유율을 차지하게 되었다. 그러나 레지널드와 간부들은 회사가 계속 성장하기 위해서는 새로운 시장에 진출해야 한다는 점을 알고 있었다.

스스로를 현대적인 경영자라고 자부하고 있었던 레지널드는 7명의 간부를 모두 불러 크립토그램의 다음 사업 아이템에 대해 브레인스토밍을 했다. 6시간의 회의 끝에 내린 결론은 크립토그램이 소매업 또는 통신 산업 또는 방위 사업이라는 세 가지 시장에 새롭게 진출해야 한다는 것이었다. 아니면, 은행 업무에 머물되 인증시스템 또는 방화벽 또는 보안시스템 통합 영역으로 시장을 수평 확장하는 안도 제시되었다.

회사가 한 번에 취할 수 있는 방향이 너무 많았다. 선택을 해야 했다. 그래서 레지널드는 6명의 간부들에게 각각 잠재 시장 중 한 곳씩을 맡아 철저히 조사해달라고 지시했다. 일곱 번째 간부이자 당시 크립토그램의 재정담당자로 일하고 있던 세실리아 샤프에게는 지금 회사의 역량으로 한 번에 여러 곳의 시장에 진출하는 것이 가능한지를 산출해달라고 부탁했다. 조사해야 할 것도 많고 당장 회사도 꾸려가야 하기 때문에 4주 후에 다시 만나 논의하기로 합의했다.

다음 번 회의에서 6명의 간부들은 자신이 조사한 시장에 대해서 프레젠테이션을 했다. 레지널드는 각각의 시장이 모두 엄청난 잠재성을 가지고 있다는 사실에 기뻤지만 간부들이 서로 자신의 의견만 옳다고 주장하는 것에 실망하게 되었다. 6시간의 프레젠테이션과 3시간의 논쟁을 거치고도 간부들은 자신의 원래 주장을 굽히지 않았다.

레지널드는 구원을 요청하는 심정으로 세실리아에게 갔다. 그러나 세실리아는 회사의 여력으로는 단 한 곳의 시장에 진출할 수 있을 뿐이라고 말했다. 더구나 여섯 명의 간부가 의견 일치를 볼 확률은 8000분의 1이라는 점도 알고 있었다. (다중 인격 장애를 가진 사람이 아니라면 간부 한 명이 자신의 의견에 동의할 확률은 100%다. 두 명의 간부가 여섯 개의 대안 중 하나에 동의할 확률은 6분의 1, 즉 16.667%다. 동일한 방식으로, 레지널드가 하나의 안을 제시했을 때 이를 간부 여섯 명이 모두 동의할 확률은 16.667%의 5제곱, 즉 0.013%다.)

대안의 가짓수를 줄여야 하는 것이 분명해 보였다. 그래서 세실리아는 한 가지 제안을 했다. 간부들이 세실리아를 도와 각 시장에 진출할 경우 향후 5년간 발생할 매출과 수익의 예측값을 계산하도록 하는 것이다. 좀 더 토의한 끝에 간부들은 세실리아의 제안에 찬성했다. 이를 위해서는 해야 할 일도 많고 당장 회사도 꾸려가야 하기 때문에 한 달 뒤 다시 만나 이야기하기로 했다.

이들은 정확히 4주 뒤에 다시 모였다. 각 간부들은 세실리아가 계산한 수익성을 포함해 자신이 조사한 시장에 대해 프레젠테이션을 했다. 하루 종일 이어진 프레젠테이션과 토론 끝에, 비록 몇 명의 간부들은 양보해야 했지만, 간부진은 다음의 세

가지로 대안을 줄일 수 있었다.

- 방화벽 사업에 진출한다. 이 사업은 장기적 매출 신장 가능성이 가장 높은 대신 초기 투자비용이 가장 높다.
- 인증 시스템 사업에 진출한다. 이 사업은 장기적 수익성이 가장 높은 대신 초기 투자비용이 두 번째로 많이 든다.
- 통신 사업에 진출한다. 이 사업은 초기 투자비용이 가장 적지만 매출 및 수익성 증가 가능성이 4번째다.

그때 레지널드는 간부들에게 투표를 해보자고 제안했다. 그러나 누구도 원치 않던 결과가 나왔다. 세 명은 매출액 신장이 가장 높은 안을 선호했고 레지널드와 다른 한 명은 수익성이 가장 높은 안을, 세실리아와 나머지 두 명은 초기 투자비용이 적은 안을 골랐다.

당황한 레지널드는 앞으로 어찌해야 할지에 대해 의견을 물었다. 세실리아는 8명의 간부가 세 가지 중 하나의 방안에 의견을 일치시킬 확률이 2,200분의 1(33.33%의 7제곱, 즉 0.04%)이라는 것을 이미 알고 있던 터였다. 그녀는 각 간부들에게 세 가지 방안을 선호하는 순서대로 순위를 매겨볼 것을 제안했다. 레지널드는 그간의 경영 경험에 비추어볼 때 세실리아의 제안은 합의 과정을 정면 돌파하지 않고 에둘러 가는 방식이라는 것을 즉각 깨달았다. 달리 뾰족한 수는 없었지만 문제는 반드시 해결하고 싶었던 그는 보스턴의 대형 컨설팅 업체로부터 전문가를 부르기로 했다. 컨설턴트는 사태 파악을 하는 데 시간이 많이 필요했고 간부진들은 당장 회사를 꾸려가야 했기에 한 달 뒤 다시 모이기로 했다.

그 뒤 4주 동안 각 간부들은 외부 컨설턴트와 많은 시간을 보냈다. 그 덕에 컨설턴트는 세 가지 방안에 대해 잘 알게 되었고 간부들도 자신이 선호하는 방안을 충분히 홍보할 수 있었다.

다음 번 회의를 시작하면서 레지널드는 컨설턴트에게 그가 알아낸 것들을 발표해달라고 했다. 5시간 동안 방안들을 꼼꼼히 점검하고 활발한 토론을 벌인 끝에 레지널드는 다시 결정을 투표에 부쳤다. 종전의 세 명의 간부는 여전히 첫 번째 방안을 지지했고 두 번째 방안은 레지널드와 다른 한 명의 간부, 그리고 컨설턴트가 지지했다. 세실리아와 나머지 두 명의 간부는 세 번째 방안에 표를 던졌다. 문제는 여전히 풀리지 않았다.

다시 한 번 세실리아는 각 간부들로 하여금 세 가지 방안을 선호하는 순서대로 나열해볼 것을 제안 했다. 그러나 컨설턴트는 3개월 동안 자세한 시장조사를 할 것을 권했다. 다음 해 예산을 세우려면 어쨌거나 90일 정도가 필요할 것이기 때문에 레지널드는 컨설턴트의 말을 따르기로 했다. 해야 할 일이 많기 때문에 간부들은 컨설턴트가 시장조사를 마칠 때까지, 그리고 내년도 예산안을 마련할 때까지는 모이지 말기로 했다.

4개월 뒤 다시 회의를 열었을 때 기존의 간부 중 한 명은 다른 사람으로 교체된 상태였다. 컨설턴트는 시장조사 결과를 자세하게 발표했다. 하루 종일 방안을 검토하고 질문하고 토론한 끝에 컨설턴트는 세 번째 투표를 실시했다. 레지널드와 컨설턴트 그리고 새로 교체된 간부를 포함한 세 명의 간부가 첫 번째 방안을 지지한 반면 세실리아와 나머지 세 명은 세 번째 방안을 지지했다. 안타깝게도 두 번째 방안은 최근 주요 경쟁사가 그 업종에 진출하면서 자연스럽게 폐기되었다.

방안이 두 가지로 좁혀지자 레지널드는 다시 세실리아에게 도움을 청했다. 그러나 세실리아는 9명의 간부진이 두 가지 방안 중 하나로 의견을 통일할 가능성이 250분의 1 정도라는 것을 이미 알고 있었다. 그리고 방안을 선호하는 순서대로 나열하는 것은 이제 별 의미가 없을 것이기에 세실리아는 더 이상 아무런 제안도 하지 않았다. 그러나 컨설턴트는 꽉 막힌 이 문제를 풀 수 있는 유일한 방법은 미래 고객의 수요를 자세히 조사하는 것뿐이라고 확신했다.

두 번째 방안을 택하는 엄청난 실수를 저지르지 않은 것에 기뻐하며 레지널드는 컨설턴트의 뜻을 따르기로 했다. 세실리아, 마케팅 담당 간부, 세일즈 담당 간부, 고객 응대 담당 간부는 수요 조사를 돕기로 했다. 해야 할 일도 많고 회사 운영도 해야 하니 간부진은 3개월 뒤에 다시 모이기로 했다.

90일 후, 마케팅 간부를 제외한 모두가 모였다. 마케팅 간부는 회사를 그만두었고 아직 공석인 상태다. 컨설턴트는 수요

조사 결과를 자세히 발표했다. 4시간에 걸친 발표와 토론 끝에 레지널드는 다시 투표를 실시했다. 세실리아를 제외한 전원이 첫 번째 방안에 표를 던졌다. 세실리아는 소프트웨어 연구소를 새로 건립하는 비용이 너무 커서 회사의 재정 상태가 이를 감당하지 못할까 걱정이 되었다. 세실리아의 의견에 공감한 컨설턴트는 소프트웨어 개발을 아웃소싱 하는 방안이 가능한지 검토해보자고 제안했다. 바로 그때 세실리아는 더 이상 자신의 생각을 고집하지 않기로 했다. 10개월에 걸친 논의 끝에 드디어 합의가 이루어진 것이다.

몇 주 뒤, 레지널드는 간부진과 컨설턴트를 그 지역 경마장으로 초대해 모처럼 단합의 시간을 가졌다. 세 번째 경주가 끝날 무렵 모두는 배당판을 보는 법을 익혔고 그때부터 열심히 베팅을 했다. 아홉 번째이자 마지막 경주가 있을 것이라는 안내가 공지되기 15분 전, 세실리아는 모두 다음 번 월급 전부를 같은 말에 걸고 크게 이겨보자고 제안했다. 아마도 단합이 너무 잘 된 모양이다.

18장

MB(U)O : 달성 (불)가능한 목표 관리

"활을 너무 세게 당기면 쉽게 부러진다."

푸블릴리우스 시루스 Publilius Syrus (고대 로마의 작가이자 풍자시인)

기업이 가장 좋은 성과를 낼 때는 각 직원이 자신의 목표가 무엇인지 알 때다. 목표 관리Management by Objective, 줄임말로 'MBO'가 고안된 것도 그런 이유에서다. 안타깝게도 어떤 기업은 MBO를 관리방식으로 채택하지 않는다. 레지널드 드니얼의 예를 통해 MBO 사이에 'U'를 삽입해야 하는 이유를 설명해보자.

크립토그램의 간부진이 시장 확장을 놓고 엄청난 어려움 끝에 겨우 의견 일치를 본 뒤, 레지널드 드니얼은 다음 연도에 매출 성장률 33%를 달성하겠다고 이사회를 설득했다. MBO의 신봉자인 그는 이사회가 끝난 뒤 며칠 지나지 않아 간부진에게 연례 목표를 전달하기 시작했다.

목표를 설정하는 작업은 대부분 어렵지 않았지만, 예외가 있었으니 바로 영업이었다. 합의에 이르는 데 시간이 너무 오래 걸렸기 때문에 다음 해에 새로 확장한 시장에서 매출을 기대할 수 없는 형편이었다. 하지만 새로운 시장에 회사의 투자 자금이 모두 투입될 것이기 때문에 기존의 영업 인력만으로 회사의 성장 부담을 모두 감당해야만 했다.

레지널드는 현재의 영업 인력에게 충분히 그런 능력이 있다고 믿었다. 하지만 행여나 우수한 사원들이 더 많은 실적을 낼 수 있음에도 불구하고 영업 활동을 멈추는 게 아닐까 걱정이 되었다. 이른바 '주문서를 서랍에 집어넣기'라고 불리는 이 관행은 연말이 되기 한참 전 할당량을 미리 완수해두는 것으로, 영업인들 사이에선 흔히 볼 수 있는 관행이다. 성장이 느린 시장에서 33%의 매출액 증가를 목표로 설정했기 때문에 레지널드는 더 이상 어떤 사업도 지연되어서는 안 된다고 생각했다. 그래서 레지널드는 판매 할당량을 12.5% 정도로 약간만 늘리고 영업 실적 목표는 전년 대비 1,800만 달러 증가한 5,400만 달러로 삼았다.

영업 담당 부사장은 크립토그램이 기존 시장에서 어떤 위치에 있는지 모르는 바 아니었다. 그러나 목표액을 5,400만 달러로 설정한 것에 대해 논쟁을 벌이면 자칫 회사가 어렵다는 인상을 줄 수도 있다고 생각했다. 그래서 목표액을 두고 설전을 벌이기보다는 목표액 할당 방식을 좀 바꿔보기로 했다.

표면적으로는 6명의 영업 관리자들이 각 900만 달러씩만 감당하면 될 것으로 보였다. 그러나 부사장은 서너 명만 그 목표액을 달성하고 나머지는 실패할 경우 영업 실적 전체가 걱정이 되었다. 모두가 최선을 다하게 만들기 위해 그는 목표액을 살짝 올려 1,000만 달러로 설정했다.

올해 평균 600만 달러의 영업 실적을 올린 6명의 관리자들은 할당액을 67%나 올린 것이 달갑지 않았다. 시장 상황을 볼 때 내년에 그렇게 많은 실적을 올릴 수 있을지 전망이 불투명했다. 각 영업팀의 실적이 전반적으로 올라가려면 영업사원이 발군의 실력을 보여야 한다. 영업 관리자들은 상의 끝에 영업사원의 할당량을 167만 달러에서 200만 달러로 상향 조정했다.

CEO가 당초 목표로 세운 매출액은 4,800만 달러, 즉 영업사원 한 명당 133만 달러였지만, 결과적으로는 영업사원 한 명당 거둬야 하는 실적은 200만 달러로 늘어났고 총 매출 목표액은 7,200만 달러로 증가하게 되었다.

이듬해 영업부서는 정말 열심히 일했다. 36명의 영업사원 중 8명은 할당량을 채워 평균 250만 달러의 실적을 올렸다. 그러나 16명은 목표액 달성에 실패했고 평균 150만 달러, 즉 그 해 할당량의 75% 밖에 달성하지 못했다. 나머지 12명은 해가 가기 전에 회사를 그만두었다. 새로 들어온 영업사원들이 교육을 받자마자 바로 일에 투입되었지만 이들의 실적은 이전 사원들의 실적과 합산되지 않았고 처음부터 시작해야 했다. 그 결과

사원이 교체된 12곳의 부서에서는 총 800만 달러 밖에 실적을 올리지 못했다. 이는 사원 한 명당 66만 7,000달러에 해당하며 당초 목표액의 34%에 불과하다.

결국 크립토그램은 총 5,200만 달러의 매출을 올렸다. '힘든' 한 해가 될 것임을 감안해 이사회가 당초 설정한 목표액보다 8.33% 높은 수치이며 전년도 실적보다 44%나 증가한 액수다. 그러나 영업 담당 부사장은 5,400만 달러의 목표액 중 200만 달러를 채우지 못했다. 그 결과 그는 봄 출장에서 제외되었고 조직 내에서 예상치 못한 마찰이 발생한 것에 대해 징계를 받았으며 연봉도 동결되었다.

6명의 영업 관리자는 평균 867만 달러의 실적을 올렸는데 이는 전년도 600만 달러에 비해 44.5% 증가한 수치다. 그러나 6명 중 4명은 할당액 1,000만 달러를 채우지 못했고 그중 2명은 해고되었다.

200만 달러의 할당액을 채우지 못한 영업사원 16명 가운데 11명은 결국 회사를 떠났고 다음 해에도 영업 인력은 계속 줄어들었다. 그렇지만 따지고 보면 실패한 이들도 원래 100만 달러의 실적을 올리던 사람들이었는데 150만 달러를 달성했으니 생산성은 50%나 증가한 셈이었다.

비록 엄청난 연말 할인행사로 수익은 주춤했지만 레지널드 개인적으로는 이번 한 해는 연봉도 인상되고 1년간의 재계약도 체결하고 스톡옵션도 더 받게 되었으니 나름 성공적이었다. 크립토그램의 CEO로서는 마지막이 되고 만 그 이듬해 봄, 레지널드는 높은 실적을 올린 8명의 영업사원과 2명의 관리자를 데리고 남태평양으로 출장을 떠났다.

목표 관리 자체는 좋은 것일 수 있다. 직원들의 입장에선 목표가 분명한 것이 애매한 것보다 훨씬 좋다. 그러나 당초 세운 목표가 관리자를 거칠 때마다 확대된다면, 그 정도가 아무리 작다 해도 결과는 감당하기 어려운 수준으로 커진다. 산술적으로 그렇다. 사업계획이 실무를 담당하는 부서에 하달될 즈음이면 MBO는 순식간에 MBUO로 변질될 수 있는데, 이는 '달성 불가능한 목표 관리Management by Unobtainable Objective'를 뜻한다.

크립토그램의 간부진들은 다른 방식으로 일을 처리하는 편이 차라리 나았다. MBUO에 현혹되기 보다는 영업사원의 평균 할당량을 133만 달러로 늘리고 직원 간의 마찰 등을 고려해 6명에서 9명의 사원을 충원하는 것이 다른 방편이 될 수 있었다. 그렇게 되면 목표가 조직의 상·하부로 균등하게 조정되어 모든 사람이 직급에 관계없이 성공과 실패의 운명을 함께할 수 있었을 것이다.

19장

중간관리자는 왜 그렇게 많은가?

"인간은 천성적으로 정치적 동물이다."

아리스토텔레스 Aristotle

관리자라는 존재는 역사가 시작된 이래 인류와 쭉 함께해 왔다. 예를 들어 이집트의 피라미드를 건설할 때도 관리자가 있었다는 기록이 남아 있다. 그리고 그리스인들은 우리가 교사라고 부르는 교육 관리자를 만들어냈다. 비록 누가 교장이라는 직함까지 만들었는지는 알 수 없지만 말이다. 이집트나 그리스 이전에도 지금까지 알려진 거의 모든 부족은 족장이라는 개념을 가지고 있었다. 고대보다 더 한참 전에는 부모라고 불리는 동굴 관리자가 있었다. 이들은 지구의 가장 원시적인 곳에서도 살아남은 가장 탄력적이고 성공적인 제도, 바로 가족을 만들었다.

탈근대적 정보화 시대에 관리는 다른 모든 분야와 마찬가지로 과학이 되었다. 비즈니스를 하다보면 MB(U)O와 같이 가장 진보된 관리 형태를 자주 접하게 된다. 그러나 아이러니하게도 오늘날 관리하기가 가장 복잡하고 어려운 조직은 미국 행정부일 것이다. 이 조직은 280만 명의 직원이 대통령을 위해 일사불란하게 움직이는 단일 조직으로, 레지널드 드니얼과 같은 국회의원들의 감시를 받아야 한다.

280만 명의 연방정부 직원 중 상당수가 관리자에 해당한다. 어쩌면 너무 많은지도 모른다. 관리자들, 특히 중간 관리자는, 용어의 정의상 실제 업무는 하지 않는다. 그렇다면 대통령을 제외하고 행정부의 모든 관리직이 없어지면 어떤 일이 발생할까.

특히 비용절감의 차원에서 이 발상은 매우 매력적이지만 몇 가지 부작용이 있을 수 있다. 가장 중요한 부작용은 대통령이 280만 명의 직원에게 일일이 정부 정책을 전달해야 한다는 것이다. (이 모델은 모든 관리자를 해고하는 게 아니라 관리자라는 직함을 없애고 실무를 하게 만들 경우를 가정한 것이다. 실제로 이와 같은 상황이 벌어지면 많은 관리자가 기꺼이 직함을 버리고 실무를 하게 될 것이다.) 주당 근로시간을 평균 56시간으로 가정할 때 각각의 직원에게 단순히 업무를 지시하는 것만으로도 엄청난 시간이 소모될 것이다. 아무리 간단명료하게 할 말만 하는 대통령이라 하더라도 말이다. 그리고 미국 역사상 그렇게 말수가 적은 대통령은 선출된 적도 없다.

어쨌든 관리자가 모두 사라지고 할 말만 하는 대통령이 뽑혔다고 가정해보자. 만일 대통령이 매달 행정부 전체 직원을

10명씩 모아 직접 만나 이야기를 하고 이 중요한 업무에 주당 56시간(한 달에 4주)을 몽땅 쏟아붓는다면 그는 각 회의마다 2.9초씩을 할애할 수 있다. 그것도 회의 준비 및 오가는 시간을 제외했을 때 이야기다. 한 달에 2.9초는 연방 정책에 대해 충분히 의견을 나누고 토론하기엔 턱없이 부족한 시간이다. 매일매일의 작업량을 말해주기도 어려울 것이다. 대통령은 4년의 임기 동안 어떤 직원하고든 2분 18초의 시간을 마주할 뿐이다. 이는 토론을 하고 유대관계를 맺고 동료의식을 공고히 하기엔 불충분한 시간이다.

만약 한 번에 직원을 1,000명씩 만난다면 대통령과 유대관계와 동료의식을 형성하기는 힘들겠지만 그래도 함께 있는 시간을 5분으로 늘릴 수 있다. 그러나 만약 각 회의의 50%를 문답에 할애한다면 답을 아무리 간결하게 한들 각 직원은 각자 0.07초의 질문 시간만을 가질 수 있다. 더욱이 대통령에게 주어진 답변 시간도 0.07초에 불과하므로 한두 문단 말하다가 끝날 것이다.

다행히 미국 정부는 이런 식의 관리자 부족을 겪지는 않는다. 사실 대통령은 당선 이후 더 많은 고위 관리자를 뽑도록 법으로 정해져 있다. 이 관리자들은 정부의 요직인 장관, 차관, 청장, 국장, 대사 등이다. 최고의 자리에 최고의 인력을 배치하는 작업은 매우 신중하게 행해져야 한다.

경영에서도 이처럼 중요한 일을 할 때면 최고경영자가 직책당 5명의 후보자와 적어도 한 시간을 함께 보내고, 이 중 2명의 후보를 남긴 후 또 다시 한 시간을 보내고, 1명의 최종 후보자와는 유대관계를 쌓기 위해 또 한 시간을 보내야 할 것이다. (참고로 인텔에서는 지원자가 직책에 관계없이 적어도 5회의 인터뷰를 거쳐야 한다.)

그러나 연방인사관리실에 따르면 새로 선출된 미국 대통령은 2,899명을 선발해야 하며 그중 110명 이상은 대통령에게 직접 업무를 보고해야 하는 직책을 맡는다. 주당 56시간 근무라는 가정 하에 직책마다 8시간의 인터뷰를 할 경우 대통령은 1주일에 고작 7명의 관료를 임명할 수 있을 뿐이다. 이런 속도로 사람을 뽑는다고 하면 휴가도 없이 일한다고 해도 2,899명을 모두 선발하는 데 꼬박 414주가 걸릴 것이다. 414주라는 것은 대통령이 연임할 경우의 임기 8년에서 2주가 모자라는 기간이다. 즉 8년 동안 정부 업무의 99.6%가 제대로 이뤄지지 않는다는 얘긴데, 이로써 유권자들 사이에서 나도는 속설이 입증될 수 있을 것이다.

물론 대통령은 관료 선발 말고도 할 일이 많다. 재선도 그중 하나다. 그렇기 때문에 관료 선발을 빨리 진행할 수 있는 방법을 찾아야만 한다. 대통령이 취임 6개월 안에 모든 관료를 선발하고 이 일에 주당 16시간을 할애할 수 있다면, 사람 한 명을 뽑는 데 평균 9분씩을 쓸 수 있다. 파나마 운하위원회 위원장과 해양 포유류위원회 위원장은 모두 대통령에게 직접 보고해야 하는 직책인데 이 두 자리를 뽑는 데 9분이라는 시간은 불충분할 것이다. 더구나 9분이라는 시간은 정부윤리청 청장을 뽑기에는 턱없이 부족한 시간이다.

기업에서는 회사대표에게 그런 부담을 지우는 경우가 없다. 사실 오늘날 대부분의 기업들은 평균적으로 8:1에서 12:1 정도의 지휘범위(상사 1명당 직접 업무를 보고하는 부하직원의 수)로 운영된다. 만약 정부도 이와 유사한 모델, 즉 8:1에서 9:1 정도의 지휘범위로 운영될 경우 대통령의 일은 다음과 같이 극적으로 줄어든다.

직급	직급별 인원 수	누적 인원 수
대통령	1	1
부통령과 장관	9	10
차관 (9:1)	81	91
위원장 (8:1)	648	739
처장 (8:1)	5,184	5,923
관리자 (8:1)	41,472	47,395
감독자 (8:1)	331,776	379,171
일반 공무원 (8:1)	2,654,208	3,033,379

이러한 구조에서는 중간 관리자 직책이 너무 많이 생기는 것처럼 보일 수도 있다. 그러나 다음의 장점도 있다.

1. 모든 직원이 여섯 다리만 건너면 대통령과 연결될 수 있다.
2. 대통령은 8명의 장관만 직접 지명하면 되고 나머지는 부통령이나 장관에게 일임하면 된다.
3. 대통령은 중요한 직간접 보고와 이에 대한 회의에 더 많은 시간을 쓸 수 있다. 이는 국가 위기 시에 특히 중요하다.
4. 대통령은 상원 및 하원의원들과의 긴밀한 협의와 건설적인 논의에 더 많은 시간을 할애할 수 있다.
5. 백악관 직원의 규모가 대폭 축소될 수 있다(행정부라는 것은 원래 대통령을 모시기 위해 존재하는 것이다.).
6. 조직을 재정비한 이후에도 연방 공무원의 13%는 여전히 중간관리자(처장, 관리자, 감독자)일 것이다.

게다가 하룻밤 만에 대통령의 동향 출신 인사들을 정부 요직에 앉히는 일도 막을 수 있을 것이다.

물론 연방 정부를 운영하는 것과 사업을 꾸려가는 것은 다른 문제다. 예를 들어 상원의원의 절반은 걸핏하면 대통령의 의견에 대해 상습적인 적대감을 보이지만, 민간 기업의 CEO는 그런 일을 겪지 않는다.

아마도 그래서 우리는 선출직 공무원에게 그렇게 많은 것을 기대하는 것인지도 모른다.

3부

숫자로 가늠해본 일상

"이 모든 숫자들이 무엇을 의미하는지 아는 사람은
우리 중 아무도 없을 겁니다."

데이비드 스토먼 David Stockman
– 1981년 미정부 예산 심의에서

20장

숫자는 거짓말을 하지 않는다?

"수학은 우리가 무슨 말을 하는지,
그리고 우리가 말하고 있는 것이 사실인지
결코 알 수 없다고 말하는 학문이다."

버트런드 러셀 Bertrand Russell

숫자라는 것은 마치 시리얼이나 담배처럼 소비자의 편의에 따라 포장될 수 있다. 즉, 숫자는 표기진실법Truth-in-Labeling Act에 저촉되지 않으므로 마케팅의 황제들에 의해 얼마든지 창조적으로 활용될 수 있다.

몇 년 전 레지널드 드니얼은 그루터기 제거 때문에 돈은 돈대로 쓰고 난감한 상황을 겪은 직후 소프트웨어 회사를 매각하기로 결정했다. 그가 운영하는 동안 회사가 빠른 성장세를 보였기 때문에 첨단 기술 업계에서 매우 좋은 가격을 받고 회사를 팔 수 있을 거라 생각했다. 그래서 그는 다른 훌륭한 CEO들처럼 매각을 위해 조직 재정비에 착수했다. 우선 그는 재정담당을 맡았던 자신의 아내와 이혼하고 그 자리를 최근까지 동부에서 컨설턴트로 일하던 재정담당이사(업계에서는 CFO라 불린다)로 대체했다.

레지널드와 새 CFO는 브로슈어처럼 생긴 안내서를 작성했는데, 이는 오로지 회사의 매각을 위한 것이었다. 안내서 서두에는 이 회사가 지난 4년간 달성한 업적들이 아래와 같이 잘 정리되어 있었다.

- 3년 연속 흑자 기록
- 지난 4년간 평균 35% 성장률 기록
- 지난 12개월간 9%의 비용 감소 기록

주요 소프트웨어 회사 여러 곳과 독립투자자들이 레지널드의 회사를 면밀히 검토했다. 그러나 우수한 계획서, 실력 있는 경영진, 회사 성장에 대한 명백한 이점에도 불구하고 모두 인수를 거절했다. 그 요인 중 하나는 아래 제시된 바와 같이 레지널드의 경영 하에서 회사가 실제로 거둔 재정 실적 때문이었다(단위: 100만 달러).

	1차년도	2차년도	3차년도	4차년도
매출	$22.4	$36.0	$52.0	$45.4
지출	$19.1	$33.1	$51.5	$46.9
세전 이익	$3.3	$2.9	$0.5	-$1.5

레지널드가 안내서에서 설명한 것이 모두 사실이긴 했지만 그 세부 사항은 조금 달랐다.

- 수익이 3년 연속으로 하락했다. 레지널드가 CEO로 취임한 첫해에는 수익이 매출의 14.7%였으나 그가 그만 둔 마지막 해에는 3.3%의 손실이 발생했다.
- 첫 2년 동안 매출액 증가가 평균 50% 이상이었으나 마지막 12개월 동안은 13%나 감소했다.
- 지출은 감소했지만 매출보다 더디게 감소했기 때문에 투자자들이 보기엔 앞으로 손실이 더 크게 발생할 것으로 예측되었다.

매각 의지가 확고했던 레지널드는 결국 스위스의 한 제과업체에 자신이 원한 것보다 훨씬 낮은 가격으로 회사를 매각했고 그 뒤 책을 한 권 쓰고는 매각에 도움을 준 투자 은행에 합류했다. 곧이어 그는 은행장과 그가 속한 정당의 지지에 힘입어 최근 성추문 스캔들로 공석이 된 하원의원 자리에 도전할 수 있게 되었다.

레지널드가 예비경선에서 만난 첫 번째 경쟁상대는 근육이 우락부락한 운동광이었다. 운동이라곤 숨쉬기가 전부인 레지널드에게 대단한 적수가 될 만한 인물은 아니었지만, 문제는 그가 출마하게 된 태평양 북서부 지역은 운동에 미친 유권자들로 가득하다는 점이었다.

예비경선이 다가올수록 상대후보는 여론조사에서 레지널드를 앞서 나갔다. 그가 출연한 TV 홍보영상물 덕분이었다. 이 영상에서 그는 운동복을 입고 동네를 조깅하며 자신이 하원의원에 적임자임을 강조했다. '매리너스 파이팅Go Mariners'이라고 적힌 파란색과 초록색의 운동복은 애향심을 불러 일으켰다(매리너스는 시애틀의 야구팀으로 팀을 상징하는 로고가 파란색과 초록색으로 되어 있다·역자 주). 레지널드는 가는 곳마다 운동복 차림의 상대후보를 대형광고판에서 볼 수 있었다. TV를 켤 때마다 상대후보는 자신이 하원의원에 적임자라고 쉴 새 없이 떠들었다.

정직함이야말로 가장 훌륭한 의사소통 도구라고 믿는 레지널드는 운동이 최고의 미덕인 줄 아는 무명의 자유주의자 애송이에게 설마 자신이 패할 것이라고는 상상조차 하지 못했다. 그러나 투표일이 다가오고 지지율 격차가 3%포인트로 벌어지자 레지널드는 점점 더 초조해졌다.

예비경선을 2주 앞둔 어느 어둡고 황량한 밤, 레지널드는 시애틀 북부의 독립 방송사인 KWET의 11시 뉴스를 우연히 보게 되었다. 뉴스 초반 10분은 온통 최근 선출된 주지사가 겪은 사고에 대한 것이었다. 스튜디오에서 진행된 심층 리포트에 이어 주지사 관저에 나가 있는 기자 연결, 역사적 관점에서의 해설, 전문가 인터뷰, 그리고 콜로라도 병원에서의 현장 상황 업데이트가 이어졌다. 이 모든 것은 새 주지사가 스키를 타다 팔이 부러진 사건을 보도하기 위한 것이었다.

주지사의 사소한 일상이 언론에 이토록 열정적으로 보도되는 것을 보고 레지널드는 갑자기 한 가지 생각이 떠올랐다. 그는 홍보 담당자에게 전화를 걸었다. 예전 회사에서 CFO를 맡았던 사람이기도 하다. 그날 밤 두 사람은 상황을 면밀히 분석했고, 건강과 운동을 전면에 내세운 상대후보의 전략을 무너뜨리면 여전히 승산이 있다는 결론에 이르렀다.

홍보 담당자는 즉시 상대후보의 습관에 대한 심층 조사를 시작했다. 레지널드의 언론 담당관은 기자들에게 사소하지만 중대한 스캔들이 터질지 모른다고 넌지시 알렸다. 그리고 선거가 있기 이틀 전, 레지널드 측은 자신들이 알아낸 사실을 언론에 누설했다.

선거 하루 전의 상황은 다음과 같다.

- 지역 방송사 뉴스는 상대후보의 운동 습관이 매우 불규칙하며 운동을 사흘에 두 번 할 때도 있고 나흘에 한 번 할 때도 있다고 보도했다.

- 한 케이블 채널의 토크쇼에서는 상대후보가 자신이 운동광이라고 주장하지만 실제로 운동에 들이는 시간은 하루에 3%도 안 된다고 보도했다.
- 주州에서 가장 영향력 있는 신문사는 사설을 통해 레지널드의 상대후보가 일주일에 3일은 운동을 전혀 하지 않는다고 보도했다.
- 한 라디오 방송은 그가 5일 동안 고작 한 번만 운동할 때도 많다고 보도했다.

레지널드 역시 그의 상대후보가 그토록 운동에 자신감을 내보였음에도 불구하고 실제로는 별로 운동을 하지 않는다는 사실에 실망했다. 예비경선까지 남은 시간 동안 그는 이 사실을 주 전체의 언론을 통해 여러 번 알릴 수 있었다.

선거 직후 레지널드의 상대후보는 패배 인정 연설에서 자신의 운동 패턴에 대해 자세히 설명했다. 그는 매주 월, 수, 금요일 아침 여섯 시부터 일곱 시 반까지 90분 동안 체조, 역기, 3킬로미터 달리기를 진행하며, 이 패턴을 한 주도 빠지지 않고 엄격히 지키고 있다고 말했다.

훗날 한 젊은 신문기자는 주 3회의 운동 스케줄이 97.5시간(4일 1.5시간) 안에 이뤄진 일임을 깨달았다. 이는 일주일에 70.5시간은 운동을 안 한 채로 지나갔다는 것을 의미하고 날짜로 환산하면 2.9375일, 반올림하면 3일에 해당한다. 또한 주

3회의 운동 스케줄 중 두 번은 49.5시간 안에 이뤄진 것이고, 나머지 118.5시간 동안은 운동을 한 번만 했을 뿐이라고 해석할 수 있다. 이는 날짜로 환산하면 4.9375일이다. 안타깝게도 신문사 편집장은 이 기자가 발견해낸 사실을 보도하지는 않기로 했다. 그 보도가 과연 모母회사 주주들의 이익에 도움이 될 것인지 불명확했기 때문이다.

레지널드는 레지널드에게 중요한 문제가 있고, 언론도 기업도 자선단체도 자신들에게 중요한 나름의 문제가 있다. 숫자를 읽을 때는 반드시 조심해야 한다. 시간을 가지고 스스로 계산을 해보는 게 좋다.

21장

선심정치의 제왕

"여기 10억, 저기 10억을 쓰다보면
결국 당신은 진짜 돈에 대해 이야기하게 된다."
에버렛 덕슨 Everett Dirksen (1960년대 미국의 공화당 소속 상원의원)

빛은 1초에 299,792킬로미터를 달린다. 레지널드 드니얼이 하원의원에 당선되었다는 소식이 시애틀에서 4,487킬로미터 떨어진 워싱턴 D.C.에 닿기까지 0.015초밖에 걸리지 않는다는 뜻이다. 그러나 이 소식은 그것보다 더 빨리 전파되었다. 그가 선거운동 막바지에 보여주었던 창의적인 운동 방식에 사람들의 관심이 쏠렸기 때문이다.

몇 주 후 레지널드는 워싱턴 D.C.에서 가장 영향력 있는 하원의원의 만찬에 초대를 받았는데, 이 자리에서 그의 선거운동이 다시금 화제가 되었다. 이 의원은 '남쪽에서 온 신사'라는 별명을 가지고 있었다. 그날 저녁 닭튀김, 옥수수빵, 고구마, 동부

콩, 홈메이드 비스킷을 먹으며 '신사' 의원은 레지널드에게 막강한 권한을 지닌 하원세입위원회에서 당 대표로 활동해줄 것을 제안했다.

이것은 신참 국회의원에겐 예기치 못한 영예였다. 그러나 그 영예에는 대가가 있다. 레지널드는 앞으로 18개월 동안 '신사' 의원의 재선 캠페인을 적극 도와야 할 것이다.

젊은 독수리가 갓 죽은 짐승의 고기에 달려들 듯, 정가에 막 입문한 레지널드는 보스가 원하는 것이 무엇인지를 직감적으로 알 수 있었다. 그것은 표가 아니었다. 1960년 이래 표로는 주요 선거에서 이길 수가 없었다. 그가 원하는 것은 자신의 지역구에서의 영향력이 커지는 것이고, 이는 곧 돈을 의미한다. 레지널드는 보스가 꽤 많은 돈을 원한다고 생각했고 얼마를 원하는지 물었다. 바닐라 소스 푸딩을 먹으며 그는 작고한 상원의원인 덕슨의 말을 인용하는 것으로 답변을 대신했다.

신참 의원에게 그 액수를 모금하는 일은 불가능해 보였다. '신사' 국회의원은 부유한 주洲 출신이 아니었다. 더구나 미국 내 여타 지역에서의 지지율이 25%가 채 되지 않았다. 고로 대규모의 '간접' 기부금을 끌어오는 것도 현실적으로 불가능했다. 그러나 레지널드는 자본주의의 힘을 믿는 사업가였다. 그는 주어진 숙제를 충실히 수행했고 더러는 그의 부하들이 수행했다. 몇 주 뒤, 레지널드는 문제 해결방안을 제시했고 '남쪽에서 온 신사'는 곧 이를 실행에 옮겼다.

이듬해에 레지널드가 소속된 정당의 다수 의원의 찬성으로 하원과 상원에서 모두 통과된 연방 예산안에 따라, '신사'의 지역구에 소재한 대형 항공기 제조업체가 10억 달러짜리 군인 수송 항공기 사업을 수주했다. 그 항공기를 만들 수 있는 곳은 이 업체 말고는 없었기 때문에 일자리가 창출되고 부동산 가격이 인상되었고 기업가들은 부자가 되었다. 또한, 지난 10여 년간 미 공군이 동일한 항공기의 제작 및 조달을 발주한 적이 없었기 때문에 실제로 누가 예산 품목이나 계약 체결을 책임지고 있는지 의문을 가질 사람도 없었다.

더 좋은 점은 항공기 제작에 드는 비용을 국회의원 지역구의 납세자만 내는 것이 아니라 전국의 1억 3,900만 명의 납세자가 균등하게 나눠낸다는 것이다. '신사' 국회의원은 유권자 4명 중 1명의 지지를 받을 뿐이지만 그의 내년 재선을 위해 전국의 모든 납세자가 7 달러씩 기부하게 된 셈이다.

이 항공기들은 앞으로 여러 해 동안 계속 사용될 것이므로 장기간에 걸친 부품 및 유지 보수비용이 항공기 제조 원가보다 더 들 수도 있다. 이는 즉, 연봉 13만 6,600달러의 하원의원 자리 하나를 지키기 위해 미국 국민이 1인당 14달러씩 총 20억 달러 이상 세금을 내게 된 셈이다. 20억 달러는 136,000달러의 14,000배가 넘는 액수다. 의원직 하나를 유지하자고 그렇게 많은 돈을 쓰는 것은 말이 안 되는 것처럼 보일 수도 있다. 그러나 '선심정치의 제왕'이라는 별명이 붙은 레지널드 드니얼은 전도

유망한 정치적 기업가답게 기회의 냄새를 맡았다.

아마도 레지널드는 비결을 알아챈 듯하다. 많은 국회의원이 사심 없이 말하듯 연방정부의 적자는 큰 문제가 아니라고 한다면, 선심정치의 원리를 상하원 전체에게 적용해볼 수 있다. 상원의원들은 6년에 한 번 재선을 치르기 때문에 각 선거 당 10억 달러 정도의 비용을 보조해준다고 하면 연 평균 167억 달러 정도가 필요할 것이다.

하원에는 435개의 의석이 있고 의원들은 2년에 한 번씩 재선을 치른다. 이들이 모두 '레지널드 플랜'을 사용할 경우 연 평균 2,175억 달러가 드는 셈이다. 상하원을 모두 합치면 매년 2,342억 달러가 들고 이는 납세자 1인당 1,685 달러에 해당한다.

물론 상하원 전체에 이 원칙을 적용할 경우 비용이 좀 많이 들긴 하지만 현직 의원들이 재선을 위해 10억 달러를 보조받을 수 있다면 이는 엄청난 이점으로 작용할 것이다. 소수의 갑부를 제외한 대부분의 사람들은 10억 달러라는 선거 비용의 10분의 1을 모금하는 것도 불가능할 것이기 때문이다. 따라서 이런 식의 선심성 정치가 계속되고 있다는 것은 왜 미국의 대통령이 지출 항목에 대한 거부권이 없는지, 그리고 왜 미국 정부가 인류 역사상 가장 큰 부채를 지고 있는지를 잘 설명해준다.

22장

미국은 엄청난 빚을 지고 있다

"정치는 말이 되는 일과 해야 되는 일 사이의 긴장이다."

줄리언 데이트 Julian Date

1998년 중반, 미국은 약 5.54조 달러의 국가 채무를 지고 있다. 이를 숫자로 쓰면 5,540,000,000,000달러다. 대부분의 사람은, 심지어 하원의원들도, 그것이 꽤 많은 액수의 돈이라고 생각한다.

5.54조 달러의 국가 채무는 미국 정부가 세금으로 거둬들인 돈보다 더 많은 돈을 지출한 결과로 빌려야 했던 돈을 의미한다. 미국 정부는 채권—주로 국고채, 재무부채, 저축성 채권—을 누구에게든(외국인 투자자가 약 25%를 소유하고 있다) 판매함으로써 돈을 빌린다. 미국에 돈을 빌려주는 대가로 채권 소유자는 이자를 받는다.

1997년에 국가 채무에 대한 이자는 약 356,000,000,000달려였다. 미국 정부가 국방, 교육, 복지, 의료 등을 위해 지불한 것보다도 더 많은 액수를 이자로 낸 셈이다.

물론 미국 정부가 실제로 국가 채무에 대한 이자를 지불하는 것은 아니다. 미국 납세자가 지불한다. 1997년 국채 이자를 내기 위해 납세자 한 명당 2,500달러가 넘는 돈을 지불했다. 누적된 부채에 대한 이자를 지불하는 데만 납세자 1명이 매주 50달러의 돈을 낸 것이다.

불행히도 이게 다가 아니다. 미국 정부는 29년 연속 공무 수행 및 이자 지불에 필요한 돈을 세금으로 충분히 거둬들이지 못했다. 1997년 정부는 다시금 더 많은 돈을 빌려야 했다. 이것을 적자라고 한다. 미국 국가채무국에 따르면 1997년 적자 규모는 1,880억 달러에 불과해 최근 몇 년 새 가장 낮은 수치였다(클린턴 행정부가 들어서기 전 공화당이 집권했던 1989년 9월부터 1992년 9월까지, 국가 채무는 2.86조 달러에서 4.41조 달러로 치솟아 연간 3,880억 달러 이상의 적자를 기록했다).

운 좋게도 민주당과 공화당은 1998년 세입 세출의 균형을 잘 유지했다. 정확하게 말하면, 경제가 호황이라 의회의 간섭 없이 예산의 균형을 맞출 수 있었다. 너무 흥분하는 것은 금물이지만, 이는 연간 적자가 1년 동안 감소했음을 의미한다(1999년 역시 전망이 좋다).

그러나 예산의 균형이 맞았다고 해서 국채가 상환되었음을 의미하는 것은 아니다. 빚은 그대로 남아 있으며 더 이상 불어나지 않았을 뿐이다. 그러나 국가 채무를 상환하지 않으면 이자를 영원히 지불해야 한다. 바다거북에게조차 영원이라는 것은 긴 시간이다. 사실, 미국 정부가 세입보다 세출을 적게 하는 방법, 즉 연간 흑자를 내는 방법을 알아내지 못한다면, 채무에 대한 이자는 무한히 커질 것이다.

예를 들어 국가 채무가 5.5조 달러로 유지되고 정부가 꾸준히 6%의 이자율로 돈을 빌린다면 이에 대한 이자는 연평균 약 330,000,000,000달러가 될 것이다. 향후 50년 동안 내야 하는 이자 총액은 16.5조 달러이고 이는 부채 원금의 3배에 해당한다. 그러나 어쨌든 국가 부채는 5.5조 달러로 꾸준히 유지될 것이다.

그러나 국가 채무가 일정액으로 유지된다면 각 시민이 매년 지불해야 할 금액은 줄어들 것이다. 미국 인구가 계속 증가하고 있기 때문이다. 인구는 16초마다 1명꼴로 증가한다(8초에 한 명씩 태어나고 13초에 한 명씩 사망하며 43초에 한 명씩 이민자가 유입된다). 이는 하루에 약 5,400명, 일 년에 200만 명이 약간 안 되게 인구가 늘어나고 있음을 뜻한다. 미국 인구조사국은 실제로 미국 인구가 2020년까지 3억 2,200만 명에 이를 것이라고 추산한다. 국가 채무가 5,540,000,000,000달러로 유지된다고 가정할 때 시민의 채무는 1인당 약 17,200달러가 되며 현재 20,500달러보다 16% 정도 줄어드는 셈이다.

물가상승 또한 도움이 될 것이다. 매년 평균 5%의 물가상승이 발생한다고 가정하면, 1999년 현재 1달러의 가치는 2020년에는 약 34센트 정도로 떨어질 것이다. 따라서 시민 1명이 부담해야 할 부채 액수의 실제 가치는 5,850달러로, 현재에 비해 무려 71%나 감소할 것이다.

사실 정부는 이 점을 노린 듯하다. 이 계획은 서류상으로 실행이 가능해 보인다. 그러나 많은 일이 잘못될 수 있다. 국가 채무 증가율을 대략 연 3%로 두고 계산해 2020년까지 10조 달러가 된다고 가정할 경우, 연평균 이자율을 8% 정도로만 계산해도 정부가 매년 내야 하는 이자액은 800,000,000,000달러로 폭등한다. 이 결과를 보고 깜짝 놀란 사람들을 위해서 다시 계산해보면 주말까지 포함해 하루에 고작 22억 달러씩만 내면 된다. 만일 실제로 이런 일이 일어나게 되면 전국의 1억 6100만 명의 납세자들은 그 해에만 이자로 평균 4,969달러를 내야 한다. 이는 주당 95달러가 넘는 액수다(1997년에는 50달러 정도였다).

사실, 국가 채무는 이미 너무 커져 버려 이 책을 읽는 납세자가 살아 있는 동안 다 갚지 못할 것이다. 이것은 우리 모두가 죽을 때까지 매일 매일 이자를 내야 한다는 것을 뜻한다. 우리 모두가 말이다. 문제는 우리 손주들과 그들의 자녀들, 그들의 자녀들의 자녀들도 마찬가지가 될 것인지의 여부다.

세실리아 샤프는 2020년까지 은퇴할 생각이 없다. 지금부터 은퇴할 때까지 그녀는 미국 평균 세액의 두 배 정도의 액수를 세금으로 낼 것이 예상된다. 그때까지 국가 채무가 5.54조 달러

수준에 머물러 있고 납세자 인구가 1억 6100만 명으로 늘어나더라도 세실리아는 퇴직할 때까지 국채에 대한 이자로 10만 달러 이상을 지불해야 할 것이다. 그녀 혼자서 말이다.

만약 적자가 매년 국가 채무의 3%씩만 늘어나도 2020년까지 그 액수는 10조 달러 이상으로 늘어날 것이다. 세실리아는 이자로 137,500달러 이상을 지불해야 한다. 2020년 한 해에만 그녀 혼자서 7,600달러 이상을 내야 한다. 그러나 국가 채무가 2000년부터 매년 3%씩 줄어들면 2020년에는 그 액수가 2.92조 달러로 떨어질 것이다. 그래도 세실리아는 지금부터 2020년까지 75,000달러의 이자를 지불해야 할 것이다. 그러나 마지막 해의 지불액은 2,200달러로 줄어들 것이며 이는 세실리아의 딸 그웬돌린에게 훨씬 나은 미래를 보여주는 셈이다.

예측값의 차이는 아래와 같이 요약될 수 있다.

채무액 연간 증감률	2020년 국가채무액	세실리아가 21년 동안 내야 하는 이자액	세실리아가 마지막 해에 내야 하는 이자액
+3%	10조3000억 달러	137,500달러	7,680달러
증감 없음	5조5400억 달러	100,000달러	4,130달러
-3%	2조9200억 달러	74,800달러	2,200달러

채무가 줄어들려면 의회는 의석 몇 개 확보하자고 수십억 달러씩 지출하는 관행을 멈춰야 한다. 더 중요하게는, 재선에 성공하려는 목적으로 2년에서 4년마다 세금을 감면해주는 정

책을 중단해야 한다. 세금 '감면'이라는 것은 예산이 남았을 때만 할 수 있는 것이기 때문이다. 적자가 발생하면 모든 '감세'는 사실상 세금을 연기해주는 것일 뿐이다. 납세자는 연기된 세금을 당장 지불하진 않지만 이로 인한 세금 부족은 다시 국가 채무로 누적된다. 이는 결국 부채에 대해 더 많은 이자를 지불하게 만든다. 그리고 이 패턴이 계속해서 반복된다.

다시 말해, 20세기의 모든 '감세'는 실제로는 세금 인상이나 마찬가지다. 다만 그 진짜 모습이 가려져 있을 뿐이다. 관대한 '세금 감면'은 결국 국가 채무로 인한 수억 달러의 이자를 내야 하는 것으로 이어진다.

우리는 자녀들과 손자들에게 빚이라는 유산을 남겨주었다. 이는 인류 역사상 가장 큰 규모의 무책임한 빚이다. 우리가 용서받을 수 있는 유일한 희망은 빚을 상환하기 시작하는 것이다. 전쟁이나 장기간의 경기 침체 같은 상황이 아니라면 미국 정부는 부채가 상환될 때까지 매년 흑자를 내야만 한다.

부채는 기념비가 아니다. 영원히 지속되어서는 안 된다. 부채는 상환되어야 한다. 그러나 대출이라는 것이 존재하는 한 이자도 존재할 것이며 이는 결국 차용 비용이 무한히 높아진다는 것을 의미한다.

국가 채무의 규모는 어마어마하지만 그렇다고 영원히 짊어지고 있어서는 안 된다. 부채는 상환될 수 있고 또 상환되어야만 한다. 부채가 상환될 때까지 어떠한 '감세'도 실제로는 세금

인상일 뿐이다. 국가 채무가 과거의 일이 될 때까지 세금을 감면하는 정당한 방법에는 두 가지가 있을 뿐이다. 정부 비용을 줄이든지 혹은 세금을 인상하든지. 국가 채무가 상환될 때까지 다른 방법은 있을 수 없다.

우리가 오늘부터 국가 채무를 상환하기 시작하더라도 결국 미래 세대에게 수조 달러의 빚을 남겨줄 것이다. 이것은 우리가 스스로를 위해 쓴 돈이지 미래 세대가 우리에게 빌려준 돈이 아니다. 사실 그들의 의향을 물어본 적도 없다. 우리는 이를 '대표성 없는 과세'라고 한다(대영제국이 북미 식민지에 과도한 세금을 부과하자 '대표없이 세금없다'는 슬로건과 함께 저항이 시작되었고 결국 미국 독립전쟁으로 이어졌다 · 역자 주). 미국 건국의 아버지들은 그것이 부당하다고 생각했다. 우리도 그래야 한다.

23장

신용카드를 사용한 대가

"분수에 맞춰 산다는 것을 행복하게 여기자.
그러다 돈을 빌려야 할 때가 올지라도."
찰스 파라 브라운 Charles Farrar Browne (19세기 미국의 풍자 작가)

요즘 텔레비전에서 대출 회사의 광고를 많이 볼 수 있는데, 사실 대출사가 판매하는 것은 신용이 아니다. 바로 특권이다. 어디든 갈 수 있는 자유, 무엇이든 살 수 있는 돈, 특별 할인, 그리고 사회적 지위 말이다.

미국인들은 특권, 자유, 지위를 획득하기 위해 기꺼이 큰돈을 지불할 용의가 있다. 미국에는 3만 종이 넘는 신용카드가 있다. 미국 성인은 평균 6개의 신용카드를 가지고 있다. 1996년 미국인은 신용카드 및 할부 이자로 1인당 평균 3,900달러를 지불했다. 총 부채는 소득의 95%까지 증가했다. 그러니 우리는 상당한 특권과 지위를 가졌다고도 할 수 있겠다.

그러나 사실 신용카드 회사, 은행, 모기지 대출 기관은 자유나 특권, 지위를 판매하지 않는다. 그들은 돈을 팔고 있다. 그들은 돈을 파는 사업에 종사하고 있기 때문에 원래 판매했던 것보다 더 많은 액수가 돌아올 것을 기대한다. 그들이 판매한 돈과 다시 돌려받은 돈의 차이를 이자라고 한다.

차용인은 돈 구매자다. 돈을 사려면 차용인은 실제 돈을 산 금액보다 더 많은 돈을 대출기관에 돌려주겠다는 계약에 서명해야 한다. 이자율이 매우 높은 신용카드를 제외하고 이러한 계약에는 보통 어떤 형태로든 담보가 있게 마련이다. 예를 들어, 일련의 불행한 사태로 인해 자동차 대출을 상환하지 못하면 차량을 빼앗기는 식이다.

신용등급이 매우 좋은 레지널드 드니얼은 최근 막내아들인 빌리 레이가 고등학교 과정을 마치겠다고 결정하자 새 닷지 픽업트럭으로 사주었다. 레지널드는 하원의원이기 때문에 대출 혜택을 받았다. 그는 트럭을 엄청 할인된 가격인 20,000달러에 사기로 했고 비용 전액을 연 10% 이자율에 4년 동안 매달 복리로 상환하는 조건으로 대출을 받았다. 대출기간 동안 레지널드는 이자로 약 4,400달러를 지불해야 한다. 이는 자동차 가격의 22%에 해당한다. 빌리 레이는 이것이 자유와 지위를 얻기 위해 지불해야 할 작은 대가라고 생각했다. 물론 실제 계산서를 지불하는 것은 아버지지만 말이다.

돈을 빌리는 대가가 아무리 높다 하더라도 집이나 아파트를 구매하려면 대부분의 사람은 대출을 받아야 한다. 요즘 일반적인 대출 액수는 10만 달러가 넘고 기간은 대략 15~30년 정도다. 이렇게 긴 기간 동안 돈을 빌리면 이자 액수도 매우 높아지기 때문에 결국 주택 융자기관은 주택 건설업자보다 더 많이 벌게 되어 있다.

그러나 생각해봐야 할 두 가지 중요한 차이점이 있다. 첫째, 미국 정부는 과세소득에서 주택 융자 때문에 지불한 이자를 공제해줌으로써 대출 비용을 크게 줄여준다. 둘째, 주택은 가격이 오르는 경향이 있다. 그래서 (늘 그런 것은 아니지만) 대개의 경우 구입가보다 오른 가격에 팔 수 있다. 그렇기 때문에 일반적으로 집을 사는 것이 임대하는 것보다 낫다.

그러나 주택 구매에 너무 많은 비용을 지불하게 되면 현금 흐름이 막힐 수 있다. 그리고 집을 사고 파는 비용은 비싸며 보통 구입 가격의 5~7%의 수수료를 내야 한다. 따라서 대부분의 경우 주택은 가격이 올라 수익이 창출될 때까지 수년간 소유하는 것이 좋다.

레지널드의 장남인 조 밥 드니얼은 지역 기반이 탄탄한 제조업체에서 일하고 있지만 아직 아파트를 살 여유는 없다. 하지만 그는 신용카드 두 장을 가지고 있다. 그는 첫 번째 신용카드를 만들자마자 2,000달러짜리 스테레오를 샀다. 신용카드 이자는 연 18%, 즉 월 1.5%다. 따라서 조 밥은 스테레오를 계속 사용할 수 있는 권리에 대해 월 30달러를 지불해야 한다. 조 밥은 매월 제때 카드 값을 갚아 나가지만 계속 빚을 내는 셈이기 때문에 카드빚은 계속 증가한다. 지난 달 그는 TV에 연결할 새 게임기를 구입했다. 그 액수는 구매 한 달 전에 이미 차용된 돈이다.

조 밥의 신용카드 한도는 5,000달러이고(그의 아버지는 하원의원이다), 10년 동안 최고 한도액만큼 신용카드를 사용한다면 그는 총 9,000달러의 이자를 지불하게 된다. 이는 원금의 두 배 가까이 되는 액수다. 또한 9,000달러의 이자를 지불하려면 세후 12,000~14,000달러 정도 되는 돈을 벌어야 한다. 그래도 그의 빚 5,000달러는 그대로 남아 있을 것이다.

특히 젊은 사람들에게 첫 번째 신용카드는 애완견만큼이나 소중하다. 귀엽고 또 귀엽다. 관심을 가져달라고 짖는다. 자주 운동도 시켜줘야 한다. 다른 사람에게 자랑하는 재미가 쏠쏠하다. 그러나 강아지는 자라서 개가 된다. 당신의 대출 장부가 래시(콜리 품종의 개가 주인공으로 등장하는 미국의 영화 · 역자 주)만큼 자라면 빚은 당신의 친구가 되어 있을 것이다. 그러나 누적된 이자 부담이 360킬로그램의 핏불(일반적으로 핏불은 20~40킬로그램 정도 나간다 · 역자 주)로 커버리면 당신은 심각한 재정적 문제를 안게 된다. 그리고 전문가의 도움이 필요하게 될 것이다.

그래도 어떻게든 빚이라는 개집에서 탈출하는 방법은 있다. 먼저 모든 신용카드를 직불카드로 교체하라. 직불카드는 위험성이 적다. 아니면 현금을 사용하라. 또는 수표를 써라. 그것도 안 되면 그냥 목욕이나 하자. 왜냐하면, 무엇을 사기 위해 빚을 낸다는 것 자체가 당신이 그것을 살 형편이 안 된다는 뜻이기 때문이다.

24장

물가상승의 비밀

"계속되는 물가상승 과정에서
각국 정부는 시민들의 재산 중 상당 부분을
은밀히 압수할 수 있다."

존 메이너드 케인스 John Maynard Keynes

1954년 이래 지금까지 물가상승은 월드 시리즈(메이저리그 야구 우승 팀을 가리기 위해 매해 치러지는 일련의 경기·역자 주)만큼 규칙적으로 일어났다. 평균적으로 볼 때 물가와 임금은 매년 증가했다. 그 이유는 여러 분야의 시장, 특히 부동산 시장이나 옥수수나 구리와 같은 기본 상품 거래 시장이 물가상승에 의존하기 때문이다. 부동산과 상품 가격이 장기간에 걸쳐 떨어지면 결국 은행 시스템은 약해진다(일본의 경우를 보라). 은행이 망하기 시작하면 은행과 밀접한 관계를 맺은 공장, 농장, 상점 등이 차례로 망하기 시작할 것이다. 결국 정부가 파산해 약 535명의 상하원 의원이 일자리를 잃게 될 것이다.

의회는 지난 200년 동안 수많은 실수를 저질렀지만, 의원 전원이 몽땅 일자리를 잃게 할 만한 사고를 치지는 않았다. 그래서 가끔씩 물가하락이 발생함에도 불구하고(특히 국가가 평화로운 시기에 흔히 발생한다) 장기간으로 보면 결국 물가상승이 발생한다.

당신은 물가상승을 감당하며 살아가야 하는데 물가상승에 맞게 현상유지를 하는 정도면 별 문제 없을 거라는 착각은 금물이다. 그런 안이한 생각이라면 당신은 '제곱의 법칙'에 당하게 될 것이다.

이혼녀 세실리아 샤프는 싱글맘이기 때문에 미래 계획을 미리 세워두어야 한다는 생각을 갖고 있다. 그녀는 최근 오리건 중부에 위치한 실버타운에 아파트 한 채를 사기로 결정했다. 그녀는 현장에 도착한 지 2시간 만에 동일한 가격과 품질의 아파트 두 채로 선택의 폭을 좁혔다. 하나는 면적이 30미터×30미터고 다른 하나는 36미터×24미터였다. 회계학 학위를 가진 세실리아는 얼른 30미터×30미터 크기의 아파트를 골랐다. 36×24보다 크기가 크기 때문이다. 그 차이는 900제곱미터에서 864제곱미터를 뺀 값과 같다.

제곱은 항상 더 크다. 물가상승에도 같은 규칙이 적용된다. 내년 물가상승이 5%라고 가정할 때 임금이 5% 인상되는 것만으로는 현 수준의 생활을 유지할 수 없다. 왜냐하면 1.05의

0.95배는 1이 아니라 0.9975이기 때문이다.

작년 연봉이 40,000달러라고 할 때 임금인상률이 5%라고 하면 올해 연봉은 42,000달러로 증가한다. 그러나 5%의 물가상승은 구매력을 39,900달러로 감소시키므로 전체 100달러의 손실이 발생하게 된다.* 또한 연봉이 2,000달러 인상되면서 더 높은 세율 구간에 진입하게 되면 급여가 오르는 것보다 세금이 더 빠르게 증가할 수 있다(세금은 소득이 올라감에 따라 동반 상승하기 때문에 물가상승은 사실상 세금 촉진제의 역할을 한다. 이를 볼 때 모든 의원이 바보는 아닌 것 같다).

1년에 100달러 정도의 개인적 손실이 발생하는 것은 큰 문제가 아니다. 그러나 물가상승은 거의 영원히 발생한다. 20년간 연봉이 연간 5%씩 인상되면 40,000달러의 급여가 106,000달러 이상으로 증가할 것이다. 그러나 동일한 기간 동안 매년 5% 물가상승이 발생할 경우 1달러의 가치는 36센트 이하로 낮아진다. 따라서 40,000달러의 구매력은 38,047달러로 줄어들 것이다. 그러면 20년간 전체 구매력의 손실은 소득세 구간을 따지지 않더라도 20,000달러가 넘게 된다.

모든 일이 그렇지만 상황이 악화되기 시작하면 매우 빠르게 진행된다. 12%의 물가상승이 발생할 경우 구매력은 훨씬 더 빠

---

* 1990년에서 1997년까지 연평균 물가상승은 약 3.1%에 불과했다. 그러나 미국이 브래튼 우즈 시스템(금 가격을 온스 당 35달러로 고정시킴)에서 벗어난 1973년 당시 물가상승은 5.5% 가까이 되었다.

르게 악화된다. 예를 들어 10년 동안 당신의 연봉이 40,000달러에서 124,000달러로 증가한다고 하더라도 1달러의 가치는 28센트 미만으로 하락할 것이다. 따라서 당신의 세전 구매력은 34,600달러 미만으로 떨어질 것이다. 20년 후 급여가 무려 385,582달러가 되어도 세금문제는 차치하고라도 당신의 구매력은 29,928달러에 불과하다.

물가상승에 맞추어 생활수준을 유지하기 위해서는 물가상승을 이겨야 한다. 물가상승이 연간 5%라면 연간 6%의 급여 인상이 필요하다. 1970년대에 그랬던 것처럼 물가상승이 또 다시 감당할 수 없는 지경에 이르면 더 많은 급여 인상이 필요할 것이다. 예를 들어, 12%의 물가상승을 이겨내려면 소득을 14% 정도 늘려야 한다.

돈이 많은 사람일수록 위험부담은 더 크다. 예를 들어 평범한 뉴욕 주 보험 변호사가 1억 달러의 순자산을 보유하고 있다면 5% 물가상승은 단 1년 만에 그의 재산을 9500만 달러로 줄어들게 할 것이다. 그가 (또는 그녀가) 손실분을 변호사 비용을 통해 보전하려면 시간당 3,250달러 이상은 받아야 할 것이다 (500만 달러를 48주로 나누고 일주일에 32시간 일한다고 가정할 경우). 그러나 변호사가 아주 많은 뉴욕에서 이렇게 많은 액수를 청구할 수 있는 사람은 많지 않다. 그래서 몇몇 변호사를 비롯한 부유한 사람들은 종종 미술품이나 골동품 구입, 해외 투자, 스톡옵션, 채권 파생상품, 통화, 상품 및 부동산 투기를 통해 물가상승에 대비한다.

투기라는 것은 비즈니스 정장을 입고하는 일종의 도박이다. 투기는 단어의 정의상 위험부담을 안게 마련이다. 대부분의 미국 노동자들은 사업 밑천이 있는 것도 아니고 부자도 아니다. 그러나 뭐든 제곱하면 더 커지는 것쯤은 안다. 뭐든지 제곱이 좋다. 그러나 불행히도 물가상승은 제곱을 만들어주지도, 공정하지도 못하다. 물가상승 속에서도 현상유지를 하려면 물가상승을 이겨야 한다. 비긴다면 결국 당신이 지는 셈이다.

25장

젊을 때 투자하라

"부富라는 것은 장점이 많다.
그 반대의 경우가 널리 설득력을 얻었던 적은 한 번도 없다."
존 케네스 갤브레이스 John Kenneth Galbraith (미국의 경제학자)

운 좋은 몇 명을 제외하곤 모든 사람이 은퇴를 대비해 저축을 해야 한다. '노후'라는 것은 너무 멀게만 느껴지기 때문에 많은 젊은이들이 중년이 될 때까지 저축이라는 이 중요한 행위를 미룬다. 그러나 퇴직할 때까지 얼마나 많은 돈을 모을 수 있는지는 세 가지 사항에 따라 달라진다. 저축을 언제 시작하는가, 매년 얼마씩 저축할 수 있는가, 그리고 장기적으로 투자 수익이 얼마나 될 것인가. 세 가지 사항 중 가장 중요한 것은 무엇보다도 저축을 시작하는 시기다.

경제 감각이 좋다는 평판을 듣는 세실리아 샤프는 개인퇴직계좌IRA를 통해 뮤추얼 펀드에 2,000달러를 투자하기 시작했다. 이 뮤추얼 펀드는 그녀가 25세였을 때부터 매년 7%의 수익을 올렸다. 그녀가 65세가 되면 첫 해에 투자한 2,000달러가 거의 29,400달러의 가치로 불어나 있을 것이다.

45세 생일이 되던 날 불현듯 죽음에 대해 생각하기 시작한 레지널드 드니얼은 개인퇴직계좌를 열어 동일한 액수를 뮤추얼 펀드에 투자하기로 했다. 안타깝게도 그가 65세가 되었을 때 2,000달러는 7,700달러가 약간 넘는 정도의 가치가 되어 있을 것이다.

두 사람 모두 정확히 2,000달러를 투자했다. 그들은 매년 정확히 동일한 수익을 올릴 것이다. 레지널드의 투자 기간은 세실리아의 절반이다. 하지만 그가 은퇴할 때 받게 될 액수는 세실리아의 것의 26%에 불과하다.

그 이유는 바로 복리 때문이다. 복리라는 것은 이자가 매년 2000달러의 원금에만 붙는 것이 아니라 지난 몇 년 동안 누적된 모든 이자에 대해서도 이자가 붙는다는 뜻이다. 예를 들어 이자율이 7%라면 첫해가 끝날 때 세실리아의 2,000달러 투자액에는 140달러가 추가된다. 그러나 2년이 끝날 때는 149.80달러가 추가된다. 원금에 대한 이자 140달러와 전년도 이자였던 140달러에 대한 이자인 9.80달러가 추가되는 것이다. 처음에는 별로 큰돈이라는 생각이 들지 않기 때문에 저축을 쉽게 미루곤 한다. 하지만 복리는 이자가 결국 원금을 초과하게 만들어주기 때문에 장기적으로 볼 때 이득이다. 장기간에 걸쳐 축적된 이자는 원금을 추월한다.

투자를 일찍 시작하는 것만큼이나 중요한 것이 꾸준히 하는 것이다. 세실리아는 지금까지 매년 7%의 IRA에 2,000달러씩을 투자해왔으며 퇴직할 때까지 매년 같은 금액을 투자할 계획이다. 40년이 지나면 총 80,000달러의 투자액은 419,000달러를 넘을 것이다.

레지널드는 세실리아에 비해 투자기간이 20년이나 뒤져 있지만 은퇴 후 삶이 세실리아보다 뒤처지는 것은 원치 않았다. 그래서 그는 매년 세실리아보다 3배나 많은 6,000달러를 투자하기로 결정했다.

그러나 회계사인 보좌관 한 명이 계산을 해보더니 레지널드가 은퇴 시 받을 수 있는 액수는 263,000달러밖에 되지 않는다고 알려주었다(지금까지 투자했던 액수보다 4,000달러나 많은 6,000달러씩을 투자하는데도 말이다).

참으로 슬픈 일이었다. 레지널드의 경쟁심이 얼마나 강한지를 아는 사람들은 그가 스톡옵션이나 현물, 저등급채권에 투자를 하지 않을까 걱정이 되었다. 이러한 투자의 수익률은 30%가 넘을 때도 있어서 매력적으로 느껴질 수 있다. 그러나 위험부담이 크기 때문에 높은 수익률은 종종 큰 손실로 이어지기도 한다.

레지널드는 사회복지 관련 법안을 만들어본 경험에 비추어 자신이 비록 투자를 늦게 시작했지만 세실리아를 따라잡을 수 있을 거라 확신했다. 하원의원으로서 레지널드는 특정 경제 분야에 대한 통찰력을 가지고 있다고 믿었다. 더구나 그는 우수한 보좌진의 장점을 활용할 수 있다.

레지널드는 IRA에 2,000달러씩 계속 투자하되 고위험 주식 및 채권에도 투자를 하기로 결정했다. 그 후 2년 동안 IRA는 매년 2,000달러의 투자로 연간 30%의 수익을 냈다. 3년째 되던 해 그는 30%의 손실을 보았다. IRA가 매년 7%의 수익률을 기록한 세실리아와 비교했을 때 레지널드의 3년간 수익은 다음과 같다.

	레지널드	세실리아	차액
1차년도	$2,600	$2,140	$460
2차년도	$3,380	$2,289	$1,091
3차년도	$2,366	$2,450	-$84

레지널드는 화가 났다. 그는 3년 중 2년 동안이나 30%의 수익률을 기록했는데 결과적으로는 매해 고작 7%의 수익을 낸 세실리아보다 성과가 나쁘다는 것을 이해할 수 없었다. 어쨌든 7%씩 3년이면 21%에 불과한 것인데, 같은 기간 동안 그는 30%를 남겨야 하는 것 아닌가(2년 동안 30%씩 수익을 내고 마지막 한 해에 30%가 깎인다면 말이다)?

레지널드의 보좌관은 3년 중 2년 동안 30%의 수익을 낸다 해도 매년 7%의 고정적 이자를 받는 것에는 못 미칠 것이라고 말했다. 30%란 고수익으로 67%의 성공을 거두었는데도 말이다. 그 이유는 아래와 같았다.

- 3년 동안 일관되게 7%의 이자를 받는 경우: 1.07×1.07×1.07=1.225
- 3년 동안 첫 두 해는 30%의 수익을 내고 마지막 해에 30% 수익이 줄어들 경우: 1.3×1.3×0.7=1.183

마지막 두 해만 놓고 계산해보면 한 해의 손실로 인해 수익이 9%나 줄어들었다. 왜냐하면 130%에 70%를 곱하면 100%가 되지 않기 때문이다. 91%밖에 되지 않는다. 보좌관은 이러한 수익 구조가 장기적으로 계속될 경우 2,000달러의 원금이 얼마나 불어나는지 아래와 같은 표를 만들어 보여줬다.

장기 수익률

투자 기간	연 7%	+30%/+30%/-30%
12년	$4,504	$3,917
24년	$10,144	$7,672
36년	$22,848	$15,026

마지막으로, 보좌관은 레지널드에게 그냥 주식에 투자하라고 권했다. 모든 광고에서 말하고 있듯이 장기적으로 볼 때 주식시장은 평균 10%의 수익을 내기 때문이다. 그러면 24년 만

에 2,000달러를 19,700달러로 만들 수 있다. 레지널드는 기분은 나쁘지만 30%씩이나 되는 높은 수익률을 오랫동안 유지할 수 없다는 것을 인정할 수밖에 없었다.

당시 이력서 준비에 정신이 팔려 있던 보좌관은 레지널드에게 깜빡 잊고 한 가지 사실을 말해주지 않았다. 10%의 수익률은 1982년에서 1997년 사이에 주식 가격이 유례없는 폭등했기 때문에 가능한 수치였다는 점이다. 16년 중 14년간 주식 가격이 상승했으며 그 기간 동안 연 평균 수익률은 15%에 달했다.

그러나 1967년에서 1982년까지 다우존스지수는 15년 중 7번 하락했다. 전체 기간을 놓고 보면 평균주가 상승치는 879에서 884로 겨우 5포인트 증가했을 뿐이다. 이는 연평균 약 0.35포인트 증가한 것이며 0.04%의 수익률을 의미한다.

즉 1967년 중반에 다우존스에 2,000달러를 투자했다면 1982년 중반까지 약 2,012달러의 가치를 갖는 셈이다. 만약 같은 액수를 연평균 수익률 7%의 채권 펀드에 투자했다면 1982년에는 약 5,415달러가 되어 있었을 것이다. 1967년에서 1997년 사이 30년 동안 다우존스지수는 연평균 8% 증가했다. 최악의 한 해였던 1973년 12월 마지막 거래일부터 1974년 12월의 마지막 거래일까지 다우존스지수는 824에서 596으로 27% 넘게 하락했다. 15년 후 다우존스지수는 다시 27% 상승했다. 그러나 이 일들이 연속적으로 발생했다면 결과적으로는 손실이 더 많았을 것이다. 이는 우리에게 시장변동성에는 대가가 따른다는 교훈을 안겨준다. 1.27 곱하기 0.73은 0.93에 불과하기 때문이다.

동일한 30년의 기간 동안 무디스의 Aaa 채권은 5.51%에서 14.17%로 평균 9% 이상의 수익률을 보였으며 주식보다 변동성이 훨씬 낮았다. 그러나 후반 16년 동안 사람들은 여전히 주식을 크게 선호했다. 3년간 수익률이 마이너스였음에도 불구하고 말이다. 향후 30년 내에 어떤 일이 일어날지는 아무도 모른다. 그러나 주식과 채권의 상대적 성과 문제는 차치하고라도, 어쨌든 저축과 투자는 하는 것이 하지 않는 것보다 확실히 좋다.

하지만 늦게 시작하면 승리할 확률이 거의 없다. 이를 따라잡으려고 도박을 하면 얻는 것보다 더 많은 것을 잃을 위험이 있다. 결국, 둘 중 한 가지 오류만 범해도 노후자금이 휴지로 변해버릴 위험이 있는 것이다.

26장

도박으로 돈을 버는 사람

"살찐 돼지가 반드시 좋은 신호는 아니다."

조엘 챈들러 해리스 Joel Chandler Harris (19세기 미국의 저널리스트)

승리의 짜릿함 때문이든, 한 방에 부자가 될 거라는 생각 때문이든, 또는 그저 재미로 하는 것이든, 수백만의 사람들이 도박을 한다. 그것도 자주, 판돈을 크게 걸고서. 도박을 하는 사람 대부분이 이기기 때문에 도박을 계속하는 거라 생각하겠지만 사실은 그렇지 않다. 대규모의 카지노, 수천 명의 직원, 수만 대의 기계, 화려한 광고와 거대한 네온사인 등 모든 게임 산업은 이들이 돈을 잃는 덕에 굴러간다.

실제로 도박 산업은 "당신은 대부분의 경우 돈을 잃는다."는 하나의 대전제 위에 존재한다. 모든 도박은 오랫동안 할 수 있게끔 설계되어 있다. 예를 들어 프로 축구 경기에 베팅을 한다고 해보자. 여기서 10달러를 따기 위해서는 11달러를 걸어야 한다고 치자. 업자는 당신이 내기를 이기든 지든 관심이 없으며 단지 같은 금액의 돈이 양 팀에 균등하게 베팅되는지가 중요할 뿐이다. 이를 위해 업자는 포인트 스프레드를 관리한다(약체 팀과 강체 팀이 경기에서 맞붙을 경우에는 모두 강체 팀에 돈을 걸기 때문에 내기의 의미가 없어진다. 따라서 단지 어느 팀이 이길 것인지에 내기를 하는 것이 아니라 어느 팀이 몇 점 차이 혹은 그 이상으로 이길 것인지를 정하고 내기를 진행하는 것을 포인트 스프레드라고 한다·역자 주). 따라서 경기 직전까지 1,000명의 도박꾼이 한 팀에 베팅을 하면 1,000명이 다른 팀에 베팅을 하도록 유도한다. 그리고 경기가 끝나면 승자는 1,001명이 되어 있을 것이다. 운 좋게 이기는 팀에 돈을 걸어 10달러를 딴 1,000명의 도박꾼과 나머지 1,000달러를 챙긴 업자.

비상한 두뇌 덕에 시즌 내내 16번의 축구 경기에 베팅을 하고 그중 9번이나 이긴다면 수익률 7%에 13달러를 따게 된다. 만약 16번의 경기 중 9번을 진다면 29달러, 즉 16% 이상을 잃게 된다. 하지만 어쨌든 업자는 중간에서 16달러를 따는 셈이다.

카지노 포커도 비슷한 방식으로 운영된다. 공정한 거래를 중개하는 대가로 딜러는 게임당 소소한 액수의 수수료를 가져간다. 조금 지나면 이 액수는 쌓이게 된다. 게임 당 판돈이 50달러이고 그중 2%를 떼어간다면 게임이 100번 시행될 경우 100달러를 가져가게 된다. 즉, 그는 게임을 한 번도 지지 않고 두 번 이긴 것이나 마찬가지의 액수를 가져간다. 당신과 상대방이 오래 포커를 치면, 딜러는 결국 판돈 전부를 가져가게 된다. 누가 도박의 기술이 더 좋은가의 여부는 결국 누가 파산을 늦게 하느냐로 판가름할 수 있을 뿐이다.

슬롯머신은 이 과정이 더 빨리 진행된다. 슬롯머신의 경우 업장에서 수익의 10% 이상을 가져갈 수 있다. 5%만 가져간다 할지라도 파산은 순식간이다. 1달러짜리 카지노 동전 100개를 가지고 새 슬롯머신 앞에 앉았다고 생각해보자. 최신 기계는 완전 전자식이기 때문에 분당 6회 이상 게임을 할 수 있다. 그리고 한 번에 최대 3달러까지 돈을 걸 수 있다. 뿌리치기 어려운 유혹이다. 10분 후 당신은 9달러 정도를 잃을 것이다. 1시간 후, 약 46달러가 남아 있을 것이다. 돈을 더 투입하지 않는 이상 2시간이 되기 전에 게임은 끝나 있을 것이다. 대부분의 관광객들이 겪는 과정이다.

룰렛, 크랩스, 21, 블랙잭, 바카라, 경마, 복권 등 모든 형태의 도박은 공통점이 있다. 도박을 제공하는 업자의 배를 불린다는 것이다. 도박에서 진 사람들의 돈으로 세워진 라스베이거스의 카지노를 한 번이라도 본 적이 있다면 업자들이 도박을 얼마나 잘하는지 알 수 있을 것이다.

당신이 이길 것이라는 망상을 품지만 않는다면 도박하는 게 나쁜 것은 아니다. 돈을 잃을지도 모른다는 가능성을 인정한다면 도박을 오락의 한 형태로 즐길 수 있다(또는 세금을 걷는 다소 엉뚱하고 재미난 방법이라고 생각해도 좋을 것이다. 도박을 허용하는 모든 주에서는 도박으로 얻은 돈에 대해 세금을 매긴다).

거의 모든 형태의 오락은 돈이 필요하다. 독서가 취미인 사람은 책값을 내야 한다. 조류 관찰이 취미인 사람은 쌍안경과 카메라를 구입해야 한다. 등산객도 부츠를 사야 한다. 모든 경우 비용은 한 번 지출되면 그걸로 끝이다.

도박은 예외라고 할 수 있다. 왜냐하면 종종 원래 지불한 돈의 일부를 돌려받기도 하기 때문이다. 드물긴 하지만 지불한 돈보다 더 많은 돈을 얻을 때도 있다. 따라서 도박은 시작할 때 가지고 있던 돈보다 마칠 때 가진 돈이 더 많아질 수 있는 기회를 제공하는 유일한 오락이다. 비록 그 가능성이 희박하긴 하지만.

도박은 사실 오락의 한 형태다. 큰돈을 버는 길은 아니다. 단 몇 명의 사람만 이길 수 있다. 대부분의 사람은 진다. 매우 큰돈이 오가는 도박이라는 사업은 애초부터 통계적으로 소수의 승자와 다수의 패자가 발생하도록 고안되어 있다.

만약 도박을 하려거든 그냥 재미로 하라. 운이 좋으면 단기적으로는 돈을 따는 것처럼 보일지 모르지만 장기적으로 돈을 잃게 된다는 걸 명심해야 한다. 이게 당신이 가질 수 있는 가장 안전한 철칙이다.

27장

운의 연속과 평균의 법칙

"난 마치 평균의 법칙으로부터 도망치고 있는 기분이 든다."

빌 몰딘 Bill Mauldin (미국의 풍자만화가)

'운의 연속'이라는 것은, 반복해서 일어날 가능성이 적은 일이 논리적으로 설명할 수 없을 만큼 계속 발생하는 것을 뜻한다. 그러나 길게 보면, 행운이든 불운이든 그 평균값은 비슷하므로 서로 균형이 맞춰지게 되는데, 우리는 이를 '평균의 법칙'이라고 부른다.

대부분의 사람은 여러 종류의 운의 연속을 직접 겪었음에도 불구하고 늘 불운만이 연속되는 것처럼 느낀다. 세탁기와 벽난로가 동시에 고장 난다든가, 놀이공원에 가는 길에 타이어가 두 개나 구멍이 난다든가, 좋아하는 야구 선수가 20개 타석에서 연속으로 안타를 치지 못했다든가, 경찰의 기금모금 마련 행사에서 연속으로 열 번이나 블랙잭에서 진다든가 하는 식이다.

이런 일은 말도 안 된다고 생각이 들겠지만, 연속된 운은 자연이라는 무질서 상태의 근본이 되는 법칙이다. 연속된 운의 정반대, 즉 완벽한 질서라는 것은 자연의 무질서라는 성질에 위배되는 것이다.

빨간색 카드 10장과 파란색 카드 10장을 10번 이상 섞는다고 가정해보자. 그러면 20장의 카드가 무작위로 뒤섞이게 된다. 그런데 카드들이 빨강, 파랑, 빨강, 파랑의 순서로 완벽하게 질서 있는 패턴으로 섞이게 될 수도 있지 않을까? 그러나 이런 일은 벌어지지 않는다. 색깔이 한 장씩 교차되며 카드가 정렬될 확률은 92,000분의 1보다도 작다(1×10/19×9/18×9/17×8/16…).

물론 동일한 색상의 카드가 2번 이상 반복될 수 있다. 예를 들어, 20장의 카드 중 처음 5장이 모두 같은 색일 확률은 대략 31분의 1이다(두 번째 카드가 첫 번째 카드와 동일한 색상이 될 확률은 9/19, 세 번째 카드가 첫 두 장의 카드와 같은 색상일 확률은 8/18, 네 번째 카드가 같은 색깔일 확률은 7/17, 다섯 번째 카드가 같은 색깔일 확률은 6/16이다). 따라서 처음 5장의 카드가 같은 색깔일 확률은 카드 색깔이 번갈아 교차되면서 나타날 확률보다 3,000배 정도 높다.

일반적으로 사건은 질서정연한 규칙에 따라 일어나기보다는 연속적으로 일어나는 경우가 더 많다. 야구선수의 타율이 0.250이라고 해서 정확히 4번에 1번씩 안타를 치는 것은 아니다(만약 그렇게 된다면 타자는 4번째 타석에서 항상 포볼로 진루하게 될 것이다). 오히려 타자는 연달아 안타를 치거나 연달아 안타를 못 치거나 하는 경향이 있다. 타율 0.250의 타자가 20회 연타석 무안타일 확률은 1,000분의 3에 불과하다. 그러나 만약 타자가 1년에 600번 타석에 들어선다면 시즌당 대략 두 번씩 이런 일이 발생할 것이다.

당신에게도 똑같은 일이 일어날 수 있다. 지역 경찰 기금모금 행사에서 49%의 승률로 블랙잭을 한다고 가정할 때 열 번 연속 돈을 잃을 거라고는 생각하지 않을 것이다. 이건 정말 끔찍한 불운의 연속이다. 실제로 그 확률은 840분의 1이다. 그러나 매년 250명이 경찰 기금모금 행사에서 50번의 블랙잭을 한다면 평균적으로 15명이 10번 연속으로 패할 것이다. 운이 없으면 연속해서 14번 질 수도 있다.

자연의 무질서 속에서 어떤 사건은 연달아 일어나는 경향이 있다. 이것은 삶의 근본 법칙이다. 단기적으로 볼 때 사건이 연속적으로 일어날 것인가 혹은 규칙적으로 일어날 것인가 중에 하나를 선택해야 한다면 연속적으로 일어날 것을 택하라. 그러나 조심해야 한다. 사건이 연속적으로 일어나고 있다는 것은 쉽게 알아차릴 수 있을지 몰라도, 과연 그 운이 얼마나 지속될지는 알 수 없다.

여자들은 직관적으로 운의 연속성을 이해하는 것 같다. 세실리아 샤프가 좋은 예다. 그녀는 수년 전 스노호미쉬 카운티(워싱턴 주에 있는 카운티·역자 주) 법 집행 기금모금 행사에 참석한 적이 있는데 10번 연속 블랙잭을 이기고는 곧바로 중단했다.

반면 남자들은 평균의 법칙을 더 믿는 것처럼 보인다. 레지널드 드니얼이 좋은 예다. 그는 스노호미쉬 기금모금 행사에서 주사위 게임인 크랩스를 할 때마다 예외 없이 돈을 잃는다. 지난해 그는 세실리아에게 도움을 요청했다. 레지널드는 세실리아를 오랫동안 알고 지냈는데, 그녀는 매년 기금모금 행사에서 돈을 잃기보다는 따는 일이 더 많은 것처럼 보였기 때문이다.

레지널드가 살살 구슬리자 세실리아도 도와주기로 했다. 세실리아는 레지널드의 눈을 똑바로 바라보며 70%의 승률을 올릴 수 있는 방법을 보여주겠다고 말했다.

도박 경험이 많은 사람일수록 불리한 확률을 역전시키는 뾰족한 방법이라는 건 없으며 승률이 70%씩이나 될 수는 없다는 걸 알고 있다. 레지널드 역시 이를 알고 있었으며 그간 자신의 도박 경력에 비추어볼 때 세실리아의 말을 도저히 믿기 어려웠다. 그럼에도 불구하고 그는 세실리아에게 비결이 무엇인지 설명해보라고 요구했다.

세실리아는 설명보다는 증명을 해보이겠다고 했다. 그녀는 가방에서 계산기와 연필, 종이를 꺼내더니 계산을 시작했다. 세실리아는 아무리 크랩스를 많이 해본 사람이라도 승률은 48% 정도라고 말했고 레지널드도 이에 동의했다.

이 수치를 염두에 두고 1,000명의 사람이 주사위를 한 번 굴릴 때마다 10달러씩 베팅을 한다고 가정한 후 세실리아는 다음의 결과를 얻었다. (세실리아의 가설은 10달러를 따거나 30달러를 잃는 즉시 게임을 중단한다는 전제 하에 성립한다·역자 주)

1. 주사위를 한 번 굴리면 480명이 10달러씩 따게 된다. 그리고 그 즉시 480명 전원이 게임을 그만둔다.
2. 나머지 520명은 첫 번째 게임에서 돈을 잃었다. 그러나 그들 중 120명은 그 다음 번 게임을 2번 연속으로 이겨 (520×0.48×0.48), 10달러를 따게 된다. 그리고 이들도 게임을 그만둔다.
3. 세 번째 게임이 끝나면 400명이 남게 된다. 이 중 약 259명은 세 번의 게임 중 두 번 패했다. 나머지 141명은 세 번 모두 졌고 게임을 중단한다.
4. 남아 있는 259명 중 60명(약 23%)이 다음 두 경기에서 이기고 그 후에 게임을 그만둔다. 나머지 199명 중 70명(약 27%)이 다섯 번 중 네 번을 지고 게임을 중단한다. 남은 129명(50% 미만)은 다섯 번의 게임 중 두 번을 이기고 세 번을 졌기 때문에 계속 게임을 한다.
5. 129명 중 30명은 여섯 번째와 일곱 번째 게임에서 이긴 뒤 게임을 그만둔다. 35명은 두 번 다 패하고 게임을 그만둔다. 나머지 64명이 게임을 계속한다고 할 때 이들은 7번의 게임 중 3번은 이기고 4번은 패한 셈이다.

6. 64명 중 15명은 그 다음 게임에서 두 번 연속으로 이긴 뒤 그만두고 17명은 두 번 다 지고 그만둔다. 후자의 전적은 3승 6패다.
7. 아홉 번의 게임이 끝난 뒤 705명은 10달러를 땄고 263명은 30달러를 잃었다. 나머지 32명은 4승 5패다. 즉 패자가 295명인 것이다.
8. 비록 705명이 이기고 295명이 패했지만 누구도 30달러 이상 잃지 않았고 업자는 1,100달러 이상의 돈을 땄다. 그 내용은 아래와 같다.

패자	총 손실액
263명	$7,890
32명	$320
총 손실	$8,210
총 이익	$7,050
업장이 벌어들인 돈	$1,160

그러므로 세실리아는 1,000명 중 700명이 이기는 경우가 있을 수 있다는 것을 증명해냈다. 비록 업장이 남는 장사이긴 하지만 말이다.

그러나 전직 CEO이자 현직 하원의원인 레지널드는 자신이 도박을 아주 잘한다고 믿었다. 따라서 자신이 주사위 몇 번을 굴린 뒤 게임을 그만둘 리 없다고 생각했다. 그는 세실리아에게

100달러를 100번 베팅한 후 자신의 수익이 어떻게 될지 물었다. 세실리아는 평균의 법칙에 따라 48승 52패를 거둘 것이라 계산하면 400달러를 잃게 될 것이라고 말해주었다. 그러나 운세가 어떠냐에 따라 그는 돈을 더 빨리, 그리고 더 많이 잃을 수도 있다. 레지널드는 성격상 평균의 법칙을 택하기로 했고, 아마 돈을 잃을 것이다.

단기적으로 봤을 때 사건의 연속성은 숫자의 고유한 본성에 따른 결과다. 그러나 장기적으로 볼 때 행운과 불운의 합은 평균의 법칙에 의해 정규화된다. 도박을 구경만 하든 직접 해보든 행운 혹은 불운의 연속을 기대해볼 수는 있다. 그러나 그것이 지속될 것이라고는 생각하지 마라. 곧 평균의 법칙이 판을 지배하게 될 것이다.

28장

우연의 일치는 왜 그렇게도 흔할까?

"뛰어난 아름다움에는 다소의 묘한 어그러짐이 있기 마련이다."

프랜시스 베이컨 Francis Bacon

우연의 일치가 드물게 일어나는 일이라면, 어떻게 그렇게 흔하게 볼 수 있는 것일까? 매일 겪는 일상을 통합적으로 보면 그 답을 찾을 수 있다.

우리의 감각기관이 가진 엄청난 능력을 고려해볼 때 우리가 평균 1초에 한 건씩 새로운 것들을 본다고 해도 과언은 아닐 것이다. 특히 우리가 보는 모든 사람들, 건물들, 나무들, 관목들, 자동차들, 자동차의 부품들을 다 포함한다면 말이다. 마찬가지로, 감각기관이 손상된 것이 아닌 이상, 최소한 1초에 하나씩 새로운 것을 듣거나 만지거나 냄새를 맡게 된다.

평균적인 감각 능력을 가진 미국 성인은 하루 평균 약 16.5시간(약 990분 또는 59,400초) 동안 깨어 있다. 아무리 보수적으로 추산해도 하루에 약 118,800건(2×59,400)의 관찰이나 경험을 하게 되는 것이다. 이렇게 많은 경험치 중 어떤 것은 매우 드물게 일어나는 것도 있다.

지난주 출근길에 세실리아 샤프는 고속도로에서 포르쉐 911시리즈 두 대가 앞뒤로 달리는 것을 목격했다. 포르쉐의 팬이었던 세실리아는 차를 가까이에서 보고 싶은 마음에 차 곁으로 다가갔다. 한 대는 1980년대 중반에 출시된 터보엔진이 달린 하얀색 차량이었고 다른 한 대는 1990년대 후반에 출시된 빨간색 컨버터블이었다. 인근에는 포르쉐 판매 대리점이 없었다. 번호판도 다른 주 출신이었다. 운전자는 각기 다른 출구로 고속도로를 빠져나갔다.

미국에서는 매년 1,500~1,600만 대의 신차가 판매된다. 그러나 1998년에 미국에서 팔린 포르쉐911시리즈는 약 8,000대 정도에 불과했다. 과거에는 포르쉐의 판매량이 더 적었지만 다른 차종보다 더 긴 기간 사용되는 경향이 있다. 따라서 포르쉐 911은 미국 도로 위를 달리는 자동차 2,000대 중 1대 꼴이라고 추정할 수 있다. 즉 세실리아가 불시에 두 대의 포르쉐911을 연속적으로 만날 확률은 400만분의 1(2000분의 1×2000분의 1)이다. 이는 엄청난 우연의 일치라고 생각할 만도 하다.

그녀는 시애틀 시내까지 출근하는 내내 그 수치에 대해 곰곰이 생각했다. 그리고 그날 저녁 가다 서다를 반복하는 한 시간 동안의 퇴근길에 자신의 곁을 지나는 6,000대가 넘는 차종을 일일이 살펴보았다. 그런 후 세실리아는 하루에 두 번씩 동일한 교통량을 지나친다면 근무일 기준으로 83~84일(3.6개월)마다 100만 대의 차를 보게 될 것이라 결론 내렸다. 이 계산에 따르면 약 14개월 반 만에 한 번씩 포르쉐가 앞뒤로 나란히 달리는 것을 보게 될 것이다. 또한 이는 그녀가 일하는 기간 동안 총 33번 정도 일어날 것이다. 그렇게 따지면 포르쉐911 두 대가 나란히 달리는 것은 그렇게 어마어마한 우연의 일치는 아닐 수도 있다.

이 문제가 이렇게 간단히 설명된다는 사실에 놀라며 세실리아는 옛 친구나 지인을 공항에서 우연히 마주치는 경우도 동일한 논리로 설명해보기로 했다. 첫째, 그녀는 미국에서 적어도 1,000명의 사람을 알고 있다고 추정해보았다. 또한 매년 20번의 비행기 여행을 하고 평균적으로 왕복 3번씩 총 6번 공항을 통과하게 된다고 추정했다. 또한 시카고나 샌프란시스코, 덴버와 같은 허브 공항에서 환승을 기다리는 것만으로도 평균 2,000명의 승객을 마주치게 된다고 추정했다.

따라서 매년 세실리아는 공항에서 약 24만 명의 사람들을 마주치게 된다. 이는 미국에 거주하는 1,100명당 1명꼴이다. 그러나 세실리아는 자신의 인생 경험을 종합해볼 때 아는 사람이 1,000명 이상 될 것이라고 생각했다. 그래서 모든 조건이 똑같다면 12~13개월에 한 번씩은 공항에서 예기치 않게 아는 사람을 만나게 될 것이라 결론 내렸다.

같은 논리로 매일 118,800건의 사물을 보거나 듣거나 냄새를 맡거나 만진다고 할 때 8~9일이면 100만 건 중 1건 정도는 우연을 경험하게 될 것이다. 아주 사소한 것이어서 눈치 채지 못할 수도 있다. 그러나 때때로 눈여겨볼 만한 것들도 있다. 드물긴 하지만 정말로 특별한 우연을 경험하게 될 수도 있다. 하루에 118,800건의 이벤트를 경험하거나 관찰한다면 23년에 한 번쯤 10억분의 1 정도의 우연을 마주하게 될 수도 있다.

우연은 살면서 흔히 일어난다. 그 빈도는 우리가 깨어 있는 동안 경험하는 수천 개의 사건이 만들어내는 함수다. 즉 우연은 자연이 인간에게 선물한 감각의 산물이다. 우연의 일치가 그렇게 드문 것은 아니지만, 우리는 우연의 일치가 발생할 때마다 자연에 감사해야 한다. 각각의 우연이란 일생에 단 한 번 수십억분의 일의 확률로 주어지는 감각적 경험이다.

29장

급행차선의 거북이들(The PLLO)

"길을 걷다 보면 마치 신의 축복이 함께하는 것 같다"

힐레르 벨록 Hilaire Belloc (프랑스 태생의 영국 작가)

미국 북서부는 날씨가 좋기로 유명한지만 살기에 완벽한 곳은 아니다. 그 이유 중 하나는 급속히 심해지고 있는 교통 혼잡 때문이다. 늘 그렇듯이 지역 정치인들은 이 상황에 아무 관심이 없다. 그러나 (특히 러시아워에) 천천히 운전하면서도 급행차선으로 주행하는 운전자들 때문에 상황은 더 나빠진다.

한두 명만 그러는 게 아니다. 너무나 많은 사람들이 그렇게 하고 있다. 그러므로 나는 이 현상이 'PLLO'들의 은밀한 공작 때문이라고 결론내리지 않을 수 없다. PLLO란 '영원히 급행차선으로만 주행하는 운전자Permanent Left Lane Occupants'를 의미한다. 1980년대 후반에 시애틀 지역에서 시작된 것으로 보이는 PLLO 운동은 이후 전국으로 퍼져 나갔는데, 어쩌면 비밀 우익

정부 기관의 재정 지원을 받고 있는 건지도 모르겠다.

요즘에는 밤낮없이 아무 때고 거의 모든 워싱턴 주 고속도로에서 PLLO가 활동하는 것을 목격할 수 있다. 이들의 활동 방식은 누가 봐도 PLLO 회원임을 즉각 알아볼 수 있을 정도로 일관되다. 너무 똑같아서 심층적인 훈련을 거치는 게 아닌가 의심이 들 정도다.

- 첫째, PPLO들은 고속도로로 진입할 때 천천히 운전한다.
- 둘째, 고속도로에 진입한 즉시 가장 왼쪽 차선으로 이동한다.
- 급행차선에 들어서면 다른 차량보다 시속 8~16킬로미터가량 천천히 주행한다.
- 운전하는 내내 급행차선에 머무르며 느린 속도로 운전한다.

PLLO 회원들은 어찌나 조직에 충직한지 여러 명이 차를 타고 있을 때조차 카풀 차선도 포기하고 급행차선으로 들어와 교통을 정체시킨다. 때로는 수 킬로미터를 가도록 옆 차선의 차와 정확히 똑같은 속도로 달리는 경우도 종종 목격된다.

이로 인해 발생하는 결과는 늘 똑같다. 이들 뒤로 자동차 줄이 형성되기 시작한다. 또는 고속도로가 붐비지 않는데도 차량들이 엉겨 있게 된다. 이런 광경은 푸젯 사운드 지역에서 자주 볼 수 있는데, 도로에 많은 PLLO가 나와 있는 경우 결국 교통

체증으로 이어져 도로가 마비된다. PLLO 때문에 급행차선을 이용하지 못하는 운전자들은 이 상황을 참지 못하고 화를 내게 된다. 앞차의 꽁무니를 바짝 뒤쫓거나 오른쪽 차선으로 추월을 하는 등(시애틀에서는 예외적인 경우를 제외하곤 오른쪽 차선을 통해 추월하는 것을 금하고 있다·역자 주) 위험한 운전이 뒤따르게 된다.

PLLO로 인해 10대의 차량이 1분씩 지연된다고 하면 10분의 시간이 낭비되는 셈인데, 이 정도를 가지고 화를 낼 사람은 아마 없을 것이다. 그러나 정도가 심한 PLLO는 단지 급행차선을 잠시 거쳐가는 게 아니라 아예 거기서 산다. 한 명의 열혈 PLLO가 같은 길을 오갈 때 100대의 차량을 3분씩 지연시킬 수 있다면 하루에 10시간의 손실이 발생하고 1년 동안 총 2,500시간이 낭비된다. 이는 PLLO 한 명이 도로에서 주행연습을 할 때마다 1년에 300일 정도의 근무일에 해당하는 시간이 낭비된다는 것을 뜻한다. 누군가가 면접을 놓치거나, 지각하는 바람에 중요한 사업 관련 전화를 놓치거나, PLLO 때문에 마음이 급해져 사고를 낸다면 잠재적 손실은 훨씬 커질 수 있다.

왜 그렇게 많은 평범한 시민들이 자발적으로 PLLO 활동에 참여하는지는 아무도 모른다. PLLO 때문에 너무나 많은 운전자들이 앞 차량에 바짝 붙어 운전을 하고 사각지대가 심한 곳에서 불법 추월을 하게 되는데도, PLLO들은 정작 천천히 운전하는 것이 안전하다고 믿는다. PLLO는 빠른 차선에서 느린 속도로 살아가길 원하는 것일 수도 있다. 어쩌면 동료 운전자에게 미치는 영향은 아랑곳 않고 자신에게는 급행차선에서 운전할 권리가 있다고 생각하는지도 모른다.

그러나 PLLO가 급행차선에서 벗어나 다른 사람이 지나갈 수 있게 해주는 것도 비용이 든다. 예를 들어 평균적인 PLLO가 시속 80킬로미터의 속도로 주행하면 3초마다 약 67.05미터를 주행하게 된다. PLLO가 3초 동안 오른쪽 차선으로 4.6미터를 이동하면 피타고라스의 정리에 따라 이동 거리가 약 66.90미터가 된다. 나머지 0.15미터는 옆 차선으로 이동하는 데 소모된다.

따라서 0.15미터의 거리차를 따라잡을 때쯤이면 PLLO는 더 뒤처져 있을 것이다. 시속 80킬로미터로 달리고 있다고 가정할 때 0.007초의 시간 손실이 발생한다. 추월차량에 차선을 내어준 뒤 다시 추월차선으로 진입할 경우 총 시간 손실은 0.014초다.*

다른 차량에 방해가 되지 않기 위해 필요한 시간은 0.014초 정도다. 고속도로 상에서 호의를 베푸는 데 70분의 1초의 비용이 든다면 이는 꽤나 합리적인 비용이다. 유사한 일이 70번 일어난다고 가정할 때 1초의 비용이 드는 것이다.

대부분의 호의 행위는 이보다 더 많은 시간이 걸리지만 그렇다고 엄청나게 많은 시간이 필요한 것도 아니다. 문을 열어

* 시속 80킬로미터는 초속 22미터에 해당한다(1시간은 3,600초에 해당하므로 264,000을 3,600으로 나눈 값). 따라서 시속 80킬로미터에서 15센티미터를 가는 데 걸리는 시간은 약 0.007초다.

주는 데 1~2초, 재활용함에 잘못 분류되어 있던 플라스틱 용기를 제대로 분류해 넣어주는 것은 그보다 약간 더 시간이 걸릴 것이다. 운전 중 보행자가 지나가도록 기다려주는 데 10~15초가 걸릴 것이다.

그러나 몇 초의 호의 덕분에 얻을 수 있는 것은 상당하다. 아마도 많은 사람들이 목적지까지 더 빠르고 안전하게 도착할 것이다. 그것은 덜 위험할뿐더러 겉보기에도 좋다. 0.014초 밖에 걸리지 않는 호의지만 경우에 따라서는 상대방으로 하여금 배려 받는 기분이 들게 만들어줄 것이다.

30장

꽁무니 운전으로 얻는 것과 잃는 것

"1분 먼저 가겠다고 머리를 날려버리지 마라.
머리는 중요하다.
당신의 뇌가 거기 들어 있으므로."
버마 쉐이브 광고 (미국 면도 크림 브랜드)

미국 국가안전위원회에 따르면 1995년 미국에서는 1,070만 건의 자동차 사고가 발생했다. 그중 140만 건이 부상이나 사망으로 이어졌다. 추돌사고는 170만 건 발생했고 이는 6건 중 1건에 해당한다. 추돌사고로 많은 사람이 장애를 얻게 되었고 일부는 사망으로 이어졌다.

추돌사고는 예방이 가장 쉬운 사고 가운데 하나다. 운전자가 앞차와의 안전거리만 확보하면 되기 때문이다. 그러나 앞차를 바짝 뒤쫓는 이른바 꽁무니 운전이 점점 기승을 부리고 있다. 하지만 꽁무니 운전에는 반드시 대가가 따른다.

캘리포니아 차량국은 차량 사이에 최소한 3초의 제동거리를 유지할 것을 권장한다. 시속 97킬로미터의 속도로 달리고 있다면 이는 80미터, 약 16대의 자동차 길이와 같다. 그러나 레지널드의 막내아들이자 전형적인 꽁무니 운전자인 빌리 레이 드니얼은 이를 3분의 2 단축시켜 27미터밖에 거리를 두지 않았다. 이제 그의 제동시간은 3초가 아닌 1초밖에 남지 않는다. 아마도 그는 탁월한 반사 신경을 가지고 있음이 틀림없다. 그 1초 안에 앞 차량의 모든 극적인 변화를 관찰하고, 무엇을 해야 할지 결정한 다음, 그 일을 완수해야 하기 때문이다.

빌리 레이가 조심스레 운전하는 보통의 운전자였다면 그는 학교까지 15분이 걸렸을 것이다. 그러나 과감한 꽁무니 운전으로 그는 2초 일찍 학교에 도착했다. 따라서 그는 등하교 시간을 29분 56초로 줄일 수 있었다. 1%의 5분의 1이나 줄인 것이다.

이제 꽁무니 운전의 장점을 알았으니 그게 얼마나 위험한 일인지도 알아보자.

실제 사고가 났을 때 꽁무니 운전자는 그나마 1초도 채 사용하지 못하는 경우가 많다. 차량별로 제동거리가 다르기 때문이다. 자동차 잡지인 〈모터 트렌드〉가 200대 이상의 차량을 시험해본 결과 시속 97킬로미터로 주행할 때 정지거리는 31미터(도요타 스포츠카)에서 최대 51미터(닷지 픽업트럭)까지 다양했다. (이 수치들은 새로 출고된 신차를 대상으로 한 것으로, 거의 모든 차량이 ABS를 갖추고 있으며 완벽하게 수리된 상태였음을 전제로 한 것이다. 오래된

차량들, 특히 픽업트럭이나 밴, SUV들은 시속 97킬로미터로 달리다가 멈추기 위해 61미터 이상이 필요할 수 있다. 브레이크가 마모된 경우에는 더 긴 거리가 필요하다.)

빌리 레이가 닷지 픽업트럭을 타고 하필 도요타 스포츠카의 꽁무니를 바짝 뒤쫓을 경우, 그가 반응할 수 있는 시간은 1초도 되지 않는다. 왜냐하면 그의 제동거리는 앞 차량보다 20미터 더 길기 때문이다. 실제로 빌리 레이의 반응시간은 0.26초로 단축된다. 너무 짧은 시간이라 추돌을 피할 가망이 없다. 안타깝게도 빌리 레이는 시속 48킬로미터의 상태에서 앞차를 추돌하게 될 것이고 이는 인명사고로 이어질 가능성이 높다.

주말에는 대부분의 도로에서 차량이 꼬리를 물고 길게 늘어선 것을 볼 수 있다. 자동차 경주에서 '드래프팅'(뒤 차량이 앞 차량에 바짝 붙어서 주행하는 기술·역자 주)이라 불리는 이 기술은 기체역학적으로 앞차와 뒤차의 성능을 모두 높여준다. 그러나 드래프팅은 고도로 통제된 레이싱 환경에서만 이루어져야 한다. 앞차와 뒤차의 운전자가 모두 전문 레이서이고, 둘 다 특수 제작된 동종의 차를 운전하며, 훈련된 정비공이 상시 대기하고 있어 모든 것이 올바르게 작동하는지를 확인할 수 있어야 한다. 그럼에도 불구하고 대부분의 경주마다 심각한 사고가 발생하곤 하는데, 바로 그런 이유로 현장에 의료팀이 대기하고 있는 것이다.

그러나 일반도로를 달리는 경우에 드래프팅이나 기체역학

의 장점이 있을 리 없다. 도로는 아마추어들로 가득 차 있다. 차량과 성능도 다 제각각이다. 차량의 대부분은 오래되었거나 정비 상태가 좋지 못하며 정비공이나 의료팀이 대기하고 있는 것도 아니다.

노인들은 꽁무니 운전을 하는 경우가 별로 없다. 잃을 것도 별로 없는데 말이다. 그들은 살아오면서 위험과 그에 수반되는 대가에 대해 배웠기 때문이다. 그들이 배운 교훈 중 한 가지는 "위험부담이 20000분의 1보다 조금이라도 큰 도박은 절대 하지 말라"는 것이다.

꽁무니 운전은 20세기에 일어난 멍청한 결정의 전형적 사례다. 장점은 아주 미미하다. 2초 정도 아끼는 것이다. 50년간 주말까지 포함해 매일 출퇴근을 한다고 가정해도 약 73,000초, 또는 약 20시간을 절약할 수 있을 뿐이다.

당신이 현재 25세이고 75세까지 살 것이라고 가정하면 꽁무니 운전은 당신의 삶에서 15억7000만 초, 또는 438,000시간을 앗아가게 만든다. 장점에 비해 단점이 21,000배나 된다. 그리고 무엇보다 당신은 목숨을 잃을 수 있다.

4부

삶과 죽음의 미지를 셈하다

"호라시오, 하늘과 땅 사이엔
우리의 철학으론 상상도 못할 일이 수없이 많다네."

윌리엄 셰익스피어 William Shakespeare

31장

제 명을 살아내는 방법

"말 없는 마차도 굴러는 가겠지만
세상에는 여기저기 사고가 판을 칠 것이다."
익명

모든 인간은 두려움을 가지고 있다. 허리케인, 살인 벌, 대장균 등의 자연재해로도 모자라 인간은 스스로 더 많은 공포를 발명해냈다. 예를 들어 대량살상무기, 핵폐기물, 제트 스키, 폐기물 처리시설, 패스트푸드 정도가 제일 먼저 떠오를 것이다. 우리 주변에는 자연이 만들어낸 공포와 인간이 만들어낸 공포가 도처에 너무 많이 도사리고 있고, 미디어는 정기적으로 이러한 공포들을 상기시켜준다. 그 결과 이 시대의 가장 흔한 공포는 수명을 다 하지 못하고 일찍 죽는 것이 되었다.

미국 상해예방통제센터(질병예방센터의 하부조직으로 비교적 최근에 설립되었다)가 수집한 통계에 따르면 이러한 두려움이 완전히 근거가 없는 것은 아니다. 질병예방센터가 상해로 인한 사망 건수를 처음으로 조사하기 시작한 1993년부터 1995년까지 첫 3년 동안의 통계를 보면, 매년 151,100명(오차는 74명 내외)이 총기사고, 교통사고, 중독, 질식, 익사, 낙상, 화재, 기계사고, 과로 등으로 사망했다.

미국 장례지도사협회에 따르면 같은 기간 동안 미국의 총 사망자 수는 매년 230만 명에 육박한다. 즉 1993년에서 1995년까지 사망한 사람 중 6.6%, 즉 15명 중 1명은 제 명에 못 살고 죽은 것이다.

년도	미국 전체 인구	사망자 수	사고에 의한 사망자 수	비율
1993	257,796,000	2,268,000	151,074	6.66%
1994	260,372,000	2,286,000	150,940	6.60%
1995	262,890,000	2,309,000	151,033	6.54%

15명 중 1명이라는 것은 엄청나게 높은 확률은 아니다. 그러나 상당한 의미가 있다. 당신이 운 좋게 80세까지 살 수 있다고 가정하면, 그 사이 약 12,000,000명의 사람들이 살인, 자살, 사고 등으로 사망할 것이다. 이들은 원래 살 수 있던 것보다 평균적으로 23.9년 덜 사는 것이다.*

* 1995년에 불의의 사고로 사망한 151,033명은 총 3,609,454년의 수명을 잃는 것이며 이를 평균하면 23.9년에 해당한다.

즉, 당신이 운이 없어 사고로 일찍 죽는다면 기대수명의 30% 가량을 덜 살게 되는 셈이다. 남성의 경우 더 심할 수도 있다. 따라서 예기치 못한 사고나 폭력으로 사망할 가능성을 최소화하기 위해 어떻게 해야 할지 미리 결정해두는 편이 좋다.

불의의 사고로 사망할 가능성을 줄이는 가장 좋은 방법은 바로 여자가 되는 것이다. 당신이 여자로 태어나지 않았다면 여자처럼 행동하는 것도 하나의 방법이다. 이것은 그리 어려운 일이 아니다. 심장약을 버번위스키와 섞어 마시기 전 한번쯤 라벨에 적힌 주의사항을 읽는다거나, 단지 자신의 능력을 증명할 목적으로 홍수로 불어난 강물에 몸을 던져 섭씨 10도의 찬 물에서 수영하지 않는다거나, 의견 차이를 극복하는 방법으로 총기를 사용하지 않으면 되는 것이다.

여성은 하고 남성은 하지 않는 행동, 혹은 여성은 하지 않고 남성은 하는 행동들 덕에 여성들은 덜 위험한 삶을 살아간다. 1993년에서 1995년 사이에 여성은 전체 인구의 절반이 살짝 넘는 비율을 차지했는데 사고나 살인, 자살에 의한 사망은 29%에 불과했다.

년도	사고에 의한 사망자 수	남성	여성	여성 비율
1993	151,074	107,948	43,126	28.55%
1994	150,940	107,914	43,026	28.51%
1995	151,033	107,126	43,907	29.07%

3년 동안, 추측건대 그 이전에도 마찬가지였겠지만, 남성은 여성보다 제 명에 못 살고 죽을 확률이 2배 이상이다. 분명 이것은 우연이 아니다. 1995년의 경우 남성이 살인으로 죽을 확률이 3배, 자살로 죽을 확률이 4배 이상 높았다.

분류	남성 사망자	여성 사망자	남성:여성
사고	61,497	31,997	1.92:1
살인	17,408	5,144	3.38:1
자살	25,392	5,915	4.29:1
기타	2,829	851	3.32:1
총합	107,126	43,907	2.44:1

사망 원인을 좀 더 자세히 분류해보면 여성이 주요 영역에서 확실히 사망률이 적다는 것을 확인할 수 있다.

사망 원인	총 사망자 수	남성 사망자 수	여성 사망자 수	남성:여성
자동차 사고	43,495	29,270	14,225	2.1:1
총기 사고	35,700	30,475	5,225	5.8:1
중독	14,269	10,054	4,215	2.4:1
낙상	11,217	6,349	4,868	1.3:1
질식	10,305	7,055	3,250	2.2:1
익사	4,827	3,826	1,001	3.8:1
화상/화재	4,268	2,529	1,739	1.5:1
기타	26,952	17,568	9,384	1.9:1

하지만 남성에게 나쁜 소식만 있는 건 아니다. 유일하게 80세 이상의 연령대에서는 여성이 남성보다 사고로 죽을 확률이 더 높았다. 그 이유는 대다수의 남성들, 그중에서도 특히 위험을 감수하는 남성들은 이미 사망했기 때문이다. 두 살 유아들을 제외한 모든 젊은 연령대에서 남성은 여성에 비해 사망률이 2~4배 높았다.

연령대	남성 사망자 수	여성 사망자 수	남성:여성
0-9세	3,374	2,345	1.44:1
10-19세	11,011	3,651	3.02:1
20-29세	22,030	5,068	4.35:1
30-39세	21,326	6,349	3.36:1
40-49세	16,311	5,182	3.15:1
50-59세	8,970	3,291	2.73:1
60-69세	7,489	3,369	2.22:1
70-79세	8,138	5,193	1.57:1
80세 이상	8,187	9,355	0.88:1
연령 미상	290	104	2.79:1
총합	107,126	43,907	2.44:1

이 정도면 때 이른 죽음의 가능성을 최소화하고 싶은 사람들에게 꽤 명확한 설명이 되었을 것이다. 물론 통제하기 힘든 요인도 있다. 예를 들어 타이타닉호의 첫 항해에 승선하게 되었다든가 하는 것들 말이다. 그러나 자연사의 원인인 심장질환이나 암으로 사망할 확률을 크게 줄일 수 있는 몇 가지 간단한

예방책이 있다. 가장 효과적인 방법들은 아래와 같다.

1. 남성의 경우 위험한 상황에서 여성처럼 행동하면 조기에 사망할 확률을 거의 60%(연간 107,663건에서 43,353건으로) 줄일 수 있다. 더욱이, 남성들이 매일 이런 행동 방식을 충실히 수행할 수 있다면, 불의의 사고로 인한 전체 사망자 수는 연간 151,000명에서 87,000명으로 줄어들어 42% 이상 감소할 것이다.
2. 여성의 경우, 그리고 여자처럼 행동하기 싫은 남성의 경우, 나이든 사람처럼 행동하라. 노인, 특히 60대 이상의 노인은 젊은 사람들보다 신중하다. 당신이 20대 남자라면 단순히 보수적으로 행동하는 것만으로도 때 이른 사망을 66%(100%-[7,489÷22,030])나 줄일 수 있다. 이는 여자처럼 행동하는 것만큼이나 효과적이다(20대 여자와 똑같이 행동한 20대 남자는 조기 사망의 가능성을 100%-[5,068÷ 22,030], 즉 77%나 줄일 수 있다.)
3. 성은 선택이 아니라 운명이며 제 나이에 맞게 행동하겠다고 고집한다면 적어도 위험의 사정거리에서 아예 벗어나 있으라. 1995년 35,279명의 미국인이 총기 사고로 사망했는데 이는 사고 사망자의 24%에 해당한다. 그리고 그중 절반 이상이 자살이었다.
4. 만일 헌법이 보장한 총기 소지의 자유를 주장하며 200만

명의 총기 소지자 중 한 명이 꼭 되고 싶다면, 총이든 뭐든 적어도 자살은 하지 말아야 한다. 개인의 안녕을 지키는 이 단순한 행위로 조기 사망 확률을 21%(31,307÷151,033)나 줄일 수 있다.

5. 성별과 나이에 관계없이 살해당하지만 않을 수 있다면 뭐든지 하라. 살해에 의한 사망은 1995년 사고사의 15%를 차지했다(22,552÷151,033).
6. 음주운전을 하지 말고 음주운전자와 동승하지도 말라. 사망자가 발생한 교통사고 중 40%가 음주운전 때문이라고 할 때, 모든 남성과 여성이 이 한 가지를 막기 위해 함께 노력한다면 사고사의 11% 이상(43,495×0.4÷151,033)을 줄일 수 있다.

물론, 누구도 불의의 사고에 의한 죽음의 가능성을 완전히 차단할 수는 없다. 인생에는 너무나 많은 위험이 도사리고 있으며 모두가 항상 안전한 상태를 유지하기엔 너무 자주 위험한 순간을 마주하게 된다. 그러나 몇 가지 간단한 것들만 수행해도 오래 오래 살 수 있는 가능성을 크게 높일 수 있다.

32장

나의 진짜 기대수명은?

"안녕, 어둠. 나의 오랜 친구여.
너와 이야기하려 다시 찾아왔네."
폴 사이먼 Paul Simon (미국의 싱어송라이터)

1900년 미국에서 태어난 아기의 평균 기대수명은 약 48년이었다. 1998년에 이 숫자는 영양, 위생, 교육, 의학 등 수천 가지 기술의 진보에 힘입어 약 77년으로 증가했다. 77세 이상인데 아직까지 살아 있는 사람들은 이 수치가 의아할 수 있겠다.

이 퍼즐에 대한 답은, 출생 시 기대수명과 노년의 기대수명은 완전히 별개의 문제라는 것이다. 세실리아 샤프의 경우가 훌륭한 예다. 미국 보건통계센터에 따르면 세실리아가 태어난 1950년도에 신생아의 기대수명은 68세였다. 그러나 세실리아의 기대수명이 68세인 것은 아니다. 현재의 기대수명인 77세도 아니다. 그 이유는 다음과 같다.

1. 77년이라는 기대수명 예측치는 1998년도에 미국에서 태어난 아기들에게만 적용되는 수치다.
2. 세실리아는 여성이기 때문에 전체 평균보다 3년 더 오래 살 수 있을 것이다(남성은 전체 평균보다 3년 적게, 여성은 3년 길게 산다).
3. 세실리아는 아직 죽지 않았다. 불행히도 1950년에 태어난 많은 이들이 벌써 사망했다. 1950년에 태어난 사람들의 기대수명은 68년이었고 이는 평균값이므로 68세보다 오래 사는 사람이 존재할 수밖에 없다.
4. 세실리아는 아직 죽지 않았으므로 그녀의 평균 수명은 신생아 때 추산한 값보다 훨씬 늘어났다.

사실, 미국 국세청에서 작성한 기대수명 표에 따르면, 1950년에 태어나 1998년 현재 살아 있는 사람들의 평균 수명은 83세로, 출생 시 기대수명보다 15년 더 늘어난 것으로 나타났다. 세실리아는 여성이므로 1998년 현재의 평균 수명은 86년이며 2036년에 사망할 가능성이 높다.

세실리아의 전 남편은 세실리아만큼 운이 좋지는 않을 것이다. 그는 세실리아보다 2년 빠른 1948년에 태어났다. 그러나 그는 남자고 흡연자다. 즉, 그의 기대수명은 76년 정도가 될 것이다. 1998년 현재 그는 죽지 않고 살아 있으므로 기대수명이 34년 늘어났지만, 남자이기 때문에 3년을 빼고, 흡연자이기 때문에 또 5년을 뺀 수치다. 그의 장례식을 치를 가능성이 가장 높은 해는 2024년이다. 세실리아보다 12년 먼저 죽는 셈인데, 그웬돌린은 아버지가 그다지 억울해 할 일은 아니라는 생각이 들었다.

그러나 그웬의 아버지가 2024년에 죽을 가능성은 낮다. 그녀의 어머니도 2036년에 죽을 것 같지는 않다. 미국 보건복지부 사회보장청 산하 보험계리국에서 작성한 표에 따르면 115세가 될 때까지는 생존율이 사망률보다 항상 높기 때문이다. 그때까지 특정한 해에 사망할 확률은 11살짜리 여자아이가 사망할 확률인 0.009%부터 114세 노인이 사망할 확률인 46.5%까지의 범위를 가진다. 그리고 남자들은 그 사이의 어느 연령에서도 같은 나이의 여자보다 사망률이 2~3배 높다.

나이	남성 사망률	여성 사망률	남성:여성
1	0.844%	0.664%	1.27:1
10	0.013%	0.010%	1.30:1
20	0.140%	0.050%	2.80:1
30	0.153%	0.050%	3.06:1
40	0.193%	0.095%	2.03:1
50	0.567%	0.305%	1.86:1
60	1.299%	0.792%	1.64:1
70	3.473%	1.764%	1.97:1
80	7.644%	3.966%	1.93:1
90	15.787%	11.250%	1.40:1

100	26.876%	23.969%	1.12:1
110	39.770%	39.043%	1.02:1

예를 들어, 그웬의 아버지가 80세까지 살아 있다면, 81세가 될 확률은 92% 이상이다(100%-7.644%=92.356%). 하지만 80세까지 살아 있으려면 담배를 끊고 운동을 시작해야 할 것이다. 반면 세실리아가 80세까지 살아 있다면, 81세가 될 확률은 96% 이상이다. 게다가 그녀는 담배를 피우지 않는다.

미국 장례지도사협회에 따르면 1997년에 약 2,294,000명이 사망했다. 여러분은 그 안에 들지 않았다. 2030년에는 미국 연간 사망자 수가 약 3,472,000명으로 증가하겠지만 적어도 당신이 115세가 될 때까지는 사망률이 생존율보다 낮을 것이다. 115세 이후에는 사망률이 매해 50:50 정도 될 것이다.

그러나 사망률은 매해 누적되므로 115세까지 생존할 가능성은 그리 높지 않다. 예를 들어, 당신이 그웬의 고모할머니인 플로라가 태어난 1933년에 태어났다면 1998년 현재 65세가 되어 있을 것이고 1999년에 사망할 확률은 1.26%에 불과하다. 그러나 그 다음해에 사망할 확률은 1.37%, 다음해의 다음해에 사망할 확률은 1.48%로 증가한다. 그런 작은 확률들이 모여 아래와 같이 생존율이 감소하게 된다.

플로라의 나이	해당연령에 사망할 확률	해당연령에 살아 있을 확률	플로라의 누적생존률
65	1.259%	98.741%	98.741%
66	1.372%	98.628%	97.386%
67	1.476%	98.524%	95.949%
68	1.573%	98.427%	94.440%
69	1.664%	98.336%	92.868%
70	1.764%	98.236%	91.230%
71	1.883%	98.117%	89.512%
72	2.021%	97.979%	87.703%
73	2.183%	97.817%	85.788%
74	2.369%	97.631%	83.756%
75	2.588%	97.412%	81.589%
76	2.834%	97.166%	79.276%
77	3.091%	96.909%	76.826%

다른 조건이 같다면 플로라는 같은 해에 태어난 사람들의 기대수명인 77세까지 살아 있을 확률이 4분의 3 이상이다. 그러나 플로라는 115세까지 살지는 못할 것이다 왜냐하면 그 해에만 사망 가능성이 50% 가량 될 것이기 때문이다. 플로라의 사망률은 아래와 같이 누적될 것이다.

플로라의 나이	해당연령에 사망할 확률	해당연령에 살아 있을 확률	플로라의 누적생존률
77	3.091%	96.909%	76.826%
78	3.355%	96.645%	74.248%

79	3.640%	96.360%	71.546%
80	3.966%	96.034%	68.708%
81	4.353%	95.647%	65.717%
82	4.815%	95.185%	62.553%
83	5.363%	94.637%	59.198%
84	5.994%	94.006%	55.650%
85	6.699%	93.301%	51.922%
86	7.472%	92.528%	48.042%

플로라가 언제 사망할 것인가는 어디까지나 추산일 뿐이다. 사망률은 나이와 유전자에 큰 영향을 받는다. 그러나 식단, 습관, 운동 및 성격도 사망률에 영향을 미칠 수 있다. 즉, 플로라는 기대수명을 바꿀 수 있는 상당한 기회를 갖고 있는 셈이다. 우리도 마찬가지다. 예를 들어, 아래와 같이 행동하면 당신은 동일한 연령의 사람들보다 일찍 죽게 될 것이다.

1. 남자, 특히 직계 가족에게 심장질환 병력이 있는 남자로 태어난다.
2. 살을 찌우고 비만인 채로 산다.
3. 규칙적으로 흡연하고 술 및 기타 약물을 남용한다.
4. 범죄자, 도심 무기 판매업자 등 스트레스가 높은 직업을 선택한다.
5. 가능한 한 많은 사람들과 콘돔 없이 성관계를 한다.

그러나 인생은 선물이다. 해양생물 중에서 가장 지각이 떨어지는 생물조차도 삶이 선물이라는 것을 알고 있다. 그 선물의 의미를 깊이 되새기며 인생을 충만하게 살아가고 싶다면 다음과 같이 행동하라.

1. 여자가 되거나 여자처럼 행동한다('31장 제 명을 살아내는 방법' 참조).
2. 물, 비타민, 무기질 및 섬유질이 풍부한 균형 잡힌 식단을 먹는다.
3. 규칙적으로 운동한다.
4. 매년 건강검진을 받는다.
5. 귀여운 애완동물을 키운다(애완동물을 기르면 혈압이 낮아지고 웰빙에 대한 감각이 일반적으로 높아진다).

죽음을 늦추는 쪽으로 마음을 정했다면 당신은 이제 85세 이상 살 가능성이 꽤나 높아질 것이다. 1990년을 기준으로 85세 이상 생존한 미국인은 300만 명 정도였다. 1998년까지 이 수치는 400만 명으로 늘어났다.

전 세계에 걸쳐 사람들은 인류의 역사상 그 어느 때보다도 오래 살고 있다. (확실하지는 않지만) 아마도 부모보다 오래 살 것이며 부모들 역시 자신의 부모들보다 오래 살았을 것이다. 여섯 세대에 걸쳐 기대수명은 아래와 같이 늘어날 것이다.

세대 (나이든 순서)	사망연령	출생년도	사망년도
조부모	70	1900	1970
부모	75	1925	2000
본인	80	1950	2030
자녀	85	1975	2060
손자	90	2000	2090
증손자	95	2025	2120

우리의 기대수명이 단지 80년에 불과할지라도 이 기간은 2세기의 역사를 경험할 수 있을 만큼 충분한 시간이다. 남북전쟁 당시 살아 있던 사람들 중에는 조부모가 독립전쟁을 겪었고 증손자가 한국전쟁에 참전한 사람도 있을지 모를 일이다. 즉, 거의 200년 간격으로 일어난 전쟁에 대해 가족들끼리 이야기를 나눌 기회가 있는 것이다.

20세기 말에 태어난 아이들 중에는 22세기의 태동을 목격하게 될 아이도 있을 것이다. 그들의 증조부모들은 1차 세계대전을 겪었을지 모르고, 조부모는 2차 세계대전에 참전했을 수도 있다. 그들의 부모는 베트남전 당시 반전시위를 했을 수도 있다. 그러나 21세기의 아이들만큼은 20세기의 어린이였던 우리 세대로부터 그런 전쟁 따위가 다 무의미하다는 것을 배웠으면 한다. 그래야만 비로소 그들은 자신들의 시대를 전쟁이 아닌 평화로운 인류의 번영으로 기록할 수 있을 것이다.

33장

편견의 근거

"증오란 열등감의 분출이다."

호세 오르테가 이 가세트 José Ortega y Gasset (스페인의 철학자)

편견은 참으로 여러 해 동안 미국에 봉사하고 있다. 편견은 우리가 미국이라 부르는 이 땅을 이전 주인들로부터 빼앗을 수 있게 해주었고, 무료노동에 기반을 둔 거대한 농업 경제를 구축하게 해주었고, 미국 역사상 가장 파괴적인 전쟁을 겪게 해주었다. 그리고 오늘날까지도 불신, 불편, 증오, 두려움, 혐오를 꾸준히 제공하고 있다.

역사적으로 미국사회의 가장 끈질긴 편견은 피부색에 대한 것이다. 이것은 우연이 아니다. 피부색으로 편견을 갖는 것은 아래와 같은 장점이 있기 때문이다.

- 인간은 누구나 피부색을 가지고 있다.

- 유명한 한두 건의 예외적인 경우를 제외하면, 피부색은 출생 시 결정된다.
- 꽤 멀리서도 피부색을 알아볼 수 있다.
- 오랜 기간 동안 미국에서는 한 가지 피부색이 다수를 이루고 있었기 때문에 피부색으로 편견을 가져도 누가 뭐라 할 사람이 없었다.
- 피부색은 임의적이다. 즉, 피부색만으로는 그 사람의 윤리성, 동정심, 사회적 공헌과 같은 가치를 알아낼 수 없다.

사실, 마지막 요점은 늘 사실인 것만은 아니다. 피부의 멜라닌 색소 양은 그 사람의 피부색을 결정할 뿐 아니라 햇볕에 과다 노출될 때 발생하는 피해를 막을 수 있는 능력을 결정한다. 기본적으로 멜라닌 색소가 많을수록 피부색은 검고 피부는 더 잘 보호된다. 그러나 피부색에 대한 편견이 이집트의 파라오 시대에도 있었다는 점을 생각할 때 이는 최근의 발견일 뿐이며 그리 큰 문제는 아니다.

멜라닌 색소의 차이를 제외하면, 그 어떤 공신력 있는 학술기관이나 정부기관의 연구에서도 피부색 때문에 우열이 발생한다는 증거를 찾지 못했다. 수학이나 논리학에 따르면 예외가 발생하지 않는 경우에만 일반화가 가능하기 때문이다. 예를 들어 2+2=4라는 등식에는 예외가 없다. 그러나 "아시아 사람들이 백인보다 더 똑똑하다"는 진술에는 수백만 가지의 예외가 존재한다. 일부 아시아인은 일부 백인보다 더 똑똑하고, 일부 백인은 일부 아시아인보다 더 똑똑하다.

지금까지 입증된 것은 피부의 멜라닌 색소량이 뇌 주름의 양과 밀도와는 아무런 상관관계가 없다는 것이다. 제로. 무無. 영零. 즉, 내 피부색이 무엇이든 간에 내가 다음번에 만날 사람이 나보다 똑똑한지 멍청한지를 그 사람의 피부색으로 판단할 수 없다는 것이다. 인류에게 알려진 모든 측정 가능한 특성에 대해서도 마찬가지다. 심지어 측정할 수 없는 특성에 대해서도 그렇다.

무슨 소리인지 여전히 모르겠다면 예를 들어보자. 당신이 백인 우월주의자라면 콜린 파월(미국 최초의 흑인 국무장관 · 역자 주)과 존 웨인 게이시(백인이면서 미국의 유명한 연쇄살인마 · 역자 주) 중 누구를 가족 바비큐 파티에 초대하겠는가. 당신이 흑인 우월주의자라면 글로리아 에스테판(미국의 유명 백인 여가수 · 역자 주)과 이디 아민(잔학한 학살과 폭정을 일삼은 우간다의 전 대통령 · 역자 주) 중 누구를 초대하겠는가. 아시아인 우월주의자라면 마야 안젤루(미국의 유명한 흑인 여류 시인 · 역자 주)와 폴 포트(캄보디아 국민 수백만 명을 학살한 캄보디아의 지도자 · 역자 주) 중 누구를 초대하겠는가. 히스패닉 우월주의자라면 스티븐 스필버그와 피노체트 중 누구를 초대하겠는가.

당신이 아주 잠깐이라도 주저했다면, 인종으로 사람을 일반화하는 것은 잘못된 것임을 깨달았을 것이다.

그럼에도 불구하고 당신은 여전히 피부색에 대한 근거 없는 편견을 가지고 있을 수 있다. 편견은 오래 지속된다는 점으로 볼 때, 이것은 매우 중요한 사실이다. 그런데 만일 어떤 형태로든 인종적 열등감이 존재하는 것으로 입증된다면 그 순간부터 그 인종에 대해 계속적인 두려움과 혐오를 갖는 것은 말이 안 되는 일이 되어버린다. 지성이 있는 사람이라면 어떻게 자신보다 약하고 덜 똑똑한 사람을 두려워하겠는가. 인류에 대한 사랑이 있는 사람이라면 자애와 인내심으로 보듬어야 할 사람들을 왜 혐오하겠는가.

피부색에 대한 편견은 근거가 없다. 인종차별은 역사적으로 매우 편리한 편견이었지만 이제 조금씩 무너지고 있다. 미국 사회는 너무나 다양해지고 있다. 누가 어떤 인종인지를 가려내기가 점점 어려워지고 있다. 갈색 피부의 사람들이 너무 많아졌다.

인도에서 온 사람들은 어떤가? 이들의 피부색은 왜 이렇게 다 다른가? 폴리네시아인들은 또 어떤가? 이들은 무슨 인종인가? 남미 사람들은 어떤가? 이들은 히스패닉인가, 미국 인디언인가, 둘 다인가, 아니면 이도 저도 아닌 또 다른 무엇인가? 아랍인은 어떤가? 이들의 피부는 흰색, 크림색, 베이지색, 모래색 중 무엇인가? 북아프리카인들은 흑인인가, 아랍인인가, 아니면 프랑스인인가? 필리핀인들, 그리고 카리브해 연안에서 온 사람들은 어떤가? 피부색을 까맣게 태운 백인과 아시아인은 어떻게 분류해야 하나?

게다가 미국에서 백인이 차지하는 비율은 아래와 같이 줄어들고 있다.

년도	백인	흑인	히스패닉	아시아인*	미국 인디언
1996	73.3%	12.1%	10.5%	3.4%	0.7%
2000	71.8%	12.2%	11.4%	3.9%	0.7%
2015	66.1%	12.7%	15.1%	5.3%	0.8%
2030	60.5%	13.1%	18.9%	6.6%	0.8%
2050	52.8%	13.6%	24.5%	8.2%	0.9%

* 태평양 주변 섬 지역 출신 포함

인종이 다양화되는 속도가 2030년 이후로 일정하다고 가정할 때 2057년 10월 8일 오후 2시, 즉 1985년 이후에 태어난 거의 모든 미국인의 기대수명 내에 들어가는 기간 동안에, 미국에는 다수 인종이라는 것이 사라지게 될 것이다. 미국의 모든 인종은 소수 민족이 될 것이다.

이것은 연산적으로도 큰 의미를 갖는다. 차별하는 자의 숫자가 차별받는 자의 숫자보다 적어지면 어떤 편견도 쉽게 행해지지 못한다(이 의견에 회의적인 사람들은 영국, 프랑스, 포르투갈, 스페인 식민지 제국의 사례를 연구해보고 싶을지도 모른다). 우리는 편견에 대해 보다 새롭고 안전한 근거가 필요하며 우리의 자녀 세대에게 편견을 가르치려면 재빨리 그 근거를 만들어야 한다.

종교적 편견 역시 역사적 전례가 많으며 피부색에 근거한 편견보다 훨씬 더 자의적이다. 그러나 불행히도 종교는 출생 이후 변경될 수 있으며 확실한 다수가 존재하지 않는다. 또한 몇 가지 예외를 제외하고는 종교를 멀리서도 한 눈에 알아볼 수 있는 방법은 없다. 예를 들어 로스앤젤레스에서는 개신교 신자와 천주교 신자를 구분할 수 없고, 불교나 도교 신자와 힌두교 신자를 구분할 수 없다. 또는 최근에 개종한 조로아스터교 신자를 시크교도와 분리할 수 없다.

우리가 피부색에 근거한 편견을 다른 것으로 대체하고자 한다면, 그것은 피부색만큼이나 쉽게 관찰되는 것이어야 한다. 눈 색깔은 좋은 대안이 아니다. 컬러 렌즈를 낄 수도 있고, 멋쟁이들은 밤에도 선글라스를 쓰기 때문이다. 비슷한 이유로 머리 색깔도 좋은 대안이 아니다. 출신국적은 더더욱 아니다. 50미터 밖에서 어떤 사람이 노르웨이 출신인지 덴마크 출신인지 어떻게 알겠는가. 브라질인과 볼리비아인은 어떻게 구별할 것인가. 태국인과 인도네시아인도 마찬가지다.

지능도 마찬가지다. 똑똑한 사람들도 바보처럼 행동할 때가 많다. 어떤 멍청한 사람들은 그저 입을 다물고 있음으로써 다른 사람들에게는 똑똑해 보일 수도 있다. 성별도 좋은 대안이 아니다. 요즘은 먼 곳에서 알아보기도 힘들고 영구적으로 성별을 변경할 수도 있다. 여성 레슬링 선수와 바디빌더, 남성 간호사나 비서도 많다. 매우 헷갈린다.

나이를 편견의 근거로 삼는 것도 어렵다. 때로는 나이를 가늠할 수가 없는 경우가 있다. 어쨌든 나이든 사람들은 돈을 가지고 있고, 젊은 사람들은 유흥을, 중년의 사람들은 권력을 가지고 있다. 한 집단을 소외시키려면 치러야 할 대가가 너무 크다.

그러나 인간의 키는 이 모든 핵심적 기준을 충족시킨다.

- 인간은 누구나 키를 가지고 있다.
- 멀리서 볼 수 있다.
- 출생 시 결정되며 몇 센티미터 이상은 인위적으로 변경하기 어렵다.
- 중간키를 가진 다수의 집단이 쉽게 형성된다.
- 키는 자의적이며 실제 어떤 가치와도 아무 관계가 없다.

게다가 누구나 키에 대한 편견을 행사할 수 있다. 키가 큰 사람들은 작은 사람들을 육체적으로 열등하다고 무시할 수 있다. 키가 작은 사람들은 큰 사람들이 너무 많은 공간과 자원을 소비하는 괴물이라며 무시할 수 있다. 중간키의 사람들은 둘 다 비정상이라고 무시할 수 있다. 게다가 키는 정밀하게 측정이 가능하다. 햇볕에 장기간 노출된다고 해서 키가 변하는 것도 아니다. 그리고 세월이 흘러도 중간키의 범위를 조정함으로써 영원히 다수 집단을 유지할 수 있다.

영원한 것은 없다. 얼마 있으면 타이거 우즈나 할 베리 같은 사람들이 어떻게 탄생할 수 있었나에 대한 뉴스가 나올 것이다. 같은 인종끼리의 결혼을 강제하는 일도 사라질 것이다. 아무리 현실을 숨기고 싶다 해도 인종 차별은 급속도로 비주류가 되어가고 있다. 그럼에도 불구하고 인류의 잠재력을 억누르는 일을 계속 하고 싶다면 가능한 한 빨리 인종을 대체할 편견의 기준을 마련해야 한다. 다행히도, 인간의 키는 그 모든 기준을 충족한다. 쉽게 볼 수 있고, 완전히 임의적이며, 다수집단이 영속적으로 유지될 수 있고, 인간의 어리석음을 한 차원 높여줄 것이기 때문이다.

34장

관점의 속임수

"우리가 지금은 거울로 보는 것 같이 희미하나,
그때에는 얼굴과 얼굴을 대하여 보리라."
고린도전서 13장 12절

세실리아 샤프의 고모 두 명은 스포켄(워싱턴 주 동부에 위치한 도시·역자주) 북쪽에 있는 츄왈라 동부에 살고 있다. 플로라와 포나라는 이름의 두 고모는 이란성 쌍둥이로 태어났지만 소금과 소다수만큼이나 다르게 자라났다.

언니인 포나는 회의론자에 염세주의자다. 그녀는 약혼자가 한국 전쟁에서 사망한 이후 어두운 성격을 가지게 되었다. 그 뒤 35년간 츄왈라 고등학교에서 세계사와 미국사를 가르치면서 그녀의 비관론은 더욱 확고해졌다.

은퇴 이후 정원을 가꾸고 CNN을 시청하는 편안한 생활을 하고 있음에도 불구하고 포나는 기회가 있을 때마다 자신이 터득한 역사관을 사람들에게 설파하려 애썼다. 젊은 여성들이 있으면 특히 더 그러는 편인데, 세실리아와 그웬돌린이 1년에 몇 차례 방문해 점심을 먹을 때도 그렇다.

대개의 경우 그웬은 포나의 집에서 보내야 하는 일요일 오후를 끔찍하게 여긴다. 생기발랄한 플로라가 함께 있을 때도 마찬가지다. 포나 할머니는 반복적으로 비뚤어진 이야기를 하는데 그게 그웬은 여간 불편한 게 아니다. 그러나 이번에는 그웬의 엄마와 합동하여 반론을 펴보기로 했다. 새로 발간된 《숫자로 풀어본 경제학자의 주머니 속 세상》이라는 책의 도움을 받아서 말이다.

점심메뉴는 구운 사과, 신선한 옥수수를 곁들인 콥샐러드, 그리고 돼지고기 로스트였다. 모두가 심각한 이야기는 피한 채 소소한 일상에 대해서만 이야기했다. 그 후, 네 명의 여자들은 거실로 자리를 옮겨 커피와 차를 마셨다. 몇 모금 마시기도 전에 미혼인 포나는 최근 텔레비전에서 미국인의 이혼율이 세계에서 가장 높다는 보도를 봤다며, 결과적으로 결혼이라는 제도는 사라지게 될 것이라고 주장했다.

플로라는 최근에 시작한 뜨개질감을 집어들고 조용히 뜨개질을 시작했다. 세실리아는 정중히 미소 지었다. 인류학과 대학원생이었던 그웬돌린은 책에서 수치를 확인하고는 미국의 혼인율은 세계 10위고 결혼 건수에서 이혼 건수를 제외한 순수 혼인율은 세계 평균 정도라고 말했다.

포나는 이에 아랑곳 않고, 이혼율이 높은 이유는 생활비가 너무 높아 맞벌이를 해야만 생활을 유지할 수 있기 때문이라고 비난했다. 그러나 그웬이 가져온 책에 따르면 평균적인 미국 시민의 구매력은 세계에서 룩셈부르크 바로 다음인 2위였으며 일본이나 독일, 프랑스, 영국, 캐나다보다 20% 이상 높았다. 더구나 미국의 구매력은 그리스, 한국, 포르투갈보다 2배 이상 높았고 멕시코보다 4배 이상, 아프리카 국가들보다는 30배 이상 높았다.

마치 맥더프(셰익스피어 희곡 《맥베스》에 나오는 등장인물 · 역자 주)처럼 포나는 두 배 더 열을 올려 이야기했다. 집 앞에 세워둔 6년 된 혼다 차량을 바라보면서, 자동차 비용은 여전히 대부분의 미국인이 살 수 없을 만큼 비싸다고 주장했다. 그웬돌린은 미국인이 평균 2명당 1대 이상의 차를 소유하고 있으며 자가용 보유율은 세계에서 두 번째로 높고 일본에 비해서는 50% 이상 높은 수치라고 대답했다. 참고로 중국을 포함한 전 세계 29개국에서는 여전히 200명당 보유하는 차가 한 대 미만이라고 덧붙였다.

포나는 한숨을 쉬더니 구석에서 콧노래를 부르며 뜨개질을 하고 있는 플로라를 힐끔 쳐다보았다. 그런 다음 포나는 지나치게 높은 자가용 보유율 때문에 도로가 매우 혼잡하며 스포켄 시내도 마찬가지라고 이야기했다. 그웬돌린도 동의한다는 듯 고개를 끄덕였다. 그러나 미국의 도로 시스템은 전 세계 그 어느 나라와 비교해도 3배 이상 크며 러시아, 일본, 중국 및 캐나다보다는 5배 이상, 심지어 영국보다는 15배나 크다고 덧붙였다.

포나는 이민법이 너무 허술해 미국이 너무 많은 인간으로 붐비게 되었다고 말했다. 그러나 그웬돌린은 책을 펴서 수치를 확인하고는 독일, 영국, 일본은 미국보다 인구밀도가 8~11배 높다고 말했다.

세실리아는 고모가 스트레스를 받기 시작했다는 것을 알아채고는 조금 쉬는 게 어떠냐고 제안했다. 그러나 포나는 이제 살날도 얼마 안 남았으니 친척들과 더 많은 시간을 보내고 싶다고 했다. 수년간 그웬돌린을 괴롭히던 포나 할머니의 비관론으로부터 드디어 벗어나게 되었다는 생각에 그웬은 65세인 포나에게 미국에서 태어난 덕에 적어도 20년은 더 살 수 있을 거라고 즉각 대답했다. 만약 다른 나라에서 태어났다면 이미 10년 전에 죽었을지도 모른다고.

포나는 고개를 젓더니 자리에서 일어나 방을 나가려 했다. 세실리아는 가지 말라고 청했다. 플로라 고모는 뜨개질을 했다. 그웬돌린은 아무 말도 하지 않았다. 포나는 천천히 방을 둘러보고는 미국의 삶의 질이 악화되고 있다는 걸 생각하면 20년 더 산다고 한들 결코 축복이 되지 못할 것이라고 말했다.

세실리아가 뭐라 말하기도 전 그웬은 유엔이 국가별로 소득수준, 문맹률, 기대수명(날씨는 제외)을 결합해 삶의 질을 측정한 결과 미국이 세계 2위를 차지했고 캐나다가 1위였다고 말했다.

포나는 짐을 싸서 북쪽 나라로 이민이라도 가야겠다고 중얼거리며 방을 떠났다. 세실리아는 엄한 표정으로 그웬을 쳐다보았다. 그웬은 포나와의 말싸움에서 승리했음에도 불구하고 불안함에 떨었다. 젊은 시절 많은 나라를 여행한 플로라는 뜨개질을 멈추고는 30분 만에 처음으로 고개를 들었다. 플로라는 세실리아와 그웬에게 웃어 보이며 포나가 60년이 넘는 세월 동안 미국 국경을 한 번도 넘어본 적이 없다고 말했다. 한 번도 멀리 떠나본 적이 없기 때문에 오랫동안 고립된 삶을 살며 형성해온 자신만의 생각을 반박당할 일도 별로 없었을 것이며, 앞으로도 포나는 죽을 때까지 관점의 덫에 간힌 채로 지내야 할 것이라고.

35장

작은 무한함의 중요성

"한 알의 모래에서 세상을 보고 한 송이 들꽃에서 하늘을 본다.
그대의 손바닥에 무한을 쥐고 찰나의 순간에 영원을 담으라."

윌리엄 블레이크 William Blake

포나의 이란성 쌍둥이 동생이지만 성격은 완전 반대인 플로라 샤프는 미용사이자 천성적으로 열렬한 낙천주의자였다. 나이도 많고 육체적으로 튼튼하지도 않지만 그녀는 츄왈라 코지눅 가街에 위치한 자신의 미용실에서 1주일에 6일씩 종일 서서 일한다.

지난 여름 어느 일요일 늦은 오후, 플로라는 커트와 염색이 절실히 필요했던 세실리아의 머리를 만져주고 있었다. 그웬은 창문 옆에 앉아 포나 할머니와 《숫자로 풀어본 경제학자의 주머니 속 세상》으로 설전을 벌이던 날을 회상하고 있었다. 플로라는 일을 하는 내내 콧노래를 불렀다. 커트를 시작한 지 2분쯤

지나 세실리아는 플로라에게 왜 미용사가 되었냐고 물었다. 구름 한 점 없이 화창한 날, 아직 해가 서쪽으로 지기도 전, 세실리아는 작은 무한함의 중요성을 이해하게 되었다.

알고 보니 플로라는 항상 예술 쪽 일을 하고 싶어 했다. 그녀의 첫 번째 선택은 건축이었다. 불행히도 그녀는 3학년 때 자신이 근시이자 색맹이라는 사실을 알게 되었다. 어쨌든 그녀는 직선을 똑바로 그릴 수 없었기 때문에 건축가 또는 조경가가 되는 것은 불가능해 보였다.

이에 좌절하지 않고 플로라는 음악 쪽으로 관심을 돌렸다. 그러나 그녀는 음감이 형편없었고 손가락은 잘 움직이긴 했지만 엄마 뱃속에 있을 때 뭔가 잘못되었던지 쌍둥이 언니의 절반 길이밖에 되지 않았다. 플로라는 피콜로, 피아노, 바순을 열심히 연주해보았지만 개인적으로 만족할 정도는 되어도 직업으로 삼을 만한 수준은 아니었다.

다음으로 그녀는 춤을 시작했다. 안타깝게도 플로라의 손가락에 영향을 미친 기형은 발가락에도 영향을 주었다. 그녀는 스티븐스 카운티에서 누구보다도 춤을 잘 추었지만 키가 너무 작았고 로켓츠 무용수처럼 되기엔 부족했다.

카운티 의회에서 정치적 경력을 쌓아볼까도 생각했지만 플로라는 어쨌거나 예술가적 기질을 가지고 있었다. 그래서 그녀는 글쓰기를 시작했다. 저런, 이번에는 그녀의 난독증이 문제였다. 그녀가 살던 시절은 맞춤법 검사기가 나오기 50년 전이었다. 게다가 플로라의 부모는 두 딸 중 한 명만 대학에 보낼 여유가 있었다. 플로라보다는 포나가 재능도 있고, 또한 포나는 선생님이 되고 싶어 했다.

플로라에게 있어 예술가의 길은 장애나 불운으로 인해 모두 막혀버린 듯 보였다. 안 좋은 일은 꼬리를 물고 일어나게 마련이지만, 마지막까지 그런 것은 아니다. 고등학생 시절, 플로라는 하교 길에 동네에 새로 개업한 미용실을 지나가게 되었다. 그녀는 한참 서서 창문 안을 들여다보았고 결국 미용실 주인이 들어와서 보라고 권했다.

플로라와 미용사는 금방 친해졌고 결국 플로라는 미용실에서 파트타임으로 일하기 시작했다. 그녀는 미용보조로 일하며 사람마다 머리 모양과 머리카락이 다르며 이에 맞는 스타일링, 커트, 색깔도 다 다르다는 것을 빠르게 습득했다. 그녀는 특히 바순을 연주한 덕에 자신의 손이 미용기계나 도구를 다루기에 매우 강해졌다는 것을 알게 되었다. 정식 미용사로 활동하면서 플로라는 혁신적인 커트와 예술적인 파마 솜씨, 그리고 멀리 시애틀에 사는 자신의 가족들에 대한 이야기들로 손님의 기분을 한층 좋게 만드는 능력이 있다는 것을 알게 되었다.

플로라는 자신의 가능성을 미용 분야에서 발견했다. 사실, 머리카락 하나하나에는 소우주가 숨어 있다. 머리카락은 늘 자라고 있으며 변화한다. 결코 정확히 같은 자리에 두 번 존재할 수 없다. 머리카락은 짧아질 수도, 펴질 수도, 말려질 수도, 각종 색깔로 염색이 될 수도 있다. 머리카락이 빠지면 대개는 다시 자라지만 어쨌든 다른 머리카락이다. 머리카락이 다 빠진다 해도, 그건 그대로 어울리는 머리 모양이 있기 마련이다.

마찬가지로 나뭇가지에서 솟아나는 잎사귀, 하늘에 떠가는 구름, 체스 판 위를 움직이는 말들에도 소우주가 있다. 정원을 가꾸고 날씨를 연구하고 내기 체스를 두는 일에는 조금 더 큰 소우주가 숨어 있을 것이다.

직업은 있지만 뚜렷한 취미는 없던 세실리아는 플로라로부터 교훈을 얻을 수 있었다. 엄마로서의 역할도 곧 있으면 끝날 것임을 알고 있었기에 세실리아는 퇴직 이후 자신의 소우주가 되어줄 관심거리를 찾아보기로 결심했다.

세실리아는 플로라처럼 극복해야 할 신체적 장애가 있는 것은 아니었다. 그러나 자연은 누구에게나 태어날 때부터 이런저런 약점을 부여한다. 나이를 먹을수록 그 약점은 늘어나고 정도도 심해져서 삶을 온전히 경험할 수 있는 능력을 감소시킨다.

그러나 대신 자연은 우리 모두에게 끊임없이 소우주를 제공한다. 그 소우주들은 마치 마르지 않은 샘처럼 우리로 하여금 독특한 체험, 자아 발현, 끝없는 탐험을 무한히 가능하게 할 것이다. 건강이 아무리 좋더라도 그 모든 소우주를 보고 냄새 맡고 말하고 꿰매고 해결하고 항해하고 없애버릴 수는 없다. 모든 소우주 안에는, 물론 숫자의 소우주도 그중 하나인데, 엄청나게 많은 것들이 존재한다.

그러나 아마도 그중 가장 으뜸인 소우주는 바로 언어일 것이다. 일생 동안 읽을 수 있는 것보다 훨씬 더 많은 글들이 매일 출판된다. 책, 신문, 잡지, 인터넷은 모든 형태의 경험들—과거와 현재, 감성과 이성, 말이 되는 것과 말도 되지 않는 것—로 우리를 안내하는 통로가 되어준다. 우리는 이런 것들을 읽음으로써 지금까지 알려진 소우주에는 어떤 것이 있는지 조사하고 그중 직접 경험해보고 싶은 것을 고를 수 있다. 선택을 제대로 한다면 그것은 당신의 직업으로 이어질 수도 있고, 당신의 열정이 될 수도, 아니면 중요한 순간으로 이어질 수도 있다. 그리고 그것은 평생 당신의 삶을 관통할 것이다.

36장

사후세계

"회의(懷疑)라는 사치는 신념이 강한 사람이라면
누구나 누릴 수 있는 것이다."

프리드리히 빌헬름 니체 Friedrich Wilhelm Nietzsche

사후세계가 존재하는가에 대한 질문은 적어도 두 가지 이유로 오랫동안 지속되었다.

1. 한 사람의 인생이란 관점에서 볼 때 큰 판돈이 걸려 있는 문제다. 일생을 어떻게 사느냐가 달려 있기 때문이다.
2. 다행스럽게도, 정답이 모호하다. 서양 문화권에서는 죽었다가 살아나서 사후세계에 대해서 이야기해 준 사람이 딱 한 명 존재한다. 그것은 아주 오래전의 이야기고 '그분'의 증언은 다른 종교에서는 인정을 받지 못하고 있다.

삶과 죽음이 이런 식으로 만들어진 것은 어쩌면 자연의 의도였을 수도 있다. 죽음이 언제 올지 알 수 없기 때문에 각자는 자신의 삶에 최대한 충실할 수밖에 없다. 따라서 "죽음 이후에 삶이 존재하는가"라는 질문에 대한 답은 영원히 증명될 수 없을지도 모른다. 그러나, 비록 세속적인 경험에 국한되긴 하지만, 우리는 풍부한 단서를 축적해왔다.

더 강력한 성능의 망원경이 새로이 우주 탐사에 투입될 때마다 더 많은 것이 발견되어 왔다. 더 강력한 입자 가속기가 원자 구조 연구에 적용될 때마다 더 많은 입자가 발견되어 왔다. 새로운 형태의 생명체가 과거에도, 지금도, 그리고 우주에서도 계속해서 발견되고 있다. 심지어 물질이 항상 물질 상태로 있는 것은 아니라는 것도 알게 되었다. 입자가 파동이 될 수도 있고 그 반대의 경우가 발생하기도 한다. '암흑물질'(우주에 존재하는 물질 중 아무런 빛을 내지 않는 물질·역자 주)이라는 것도 존재한다. 수학의 발전으로 10차원의 세상과 같은 더 많은 것들이 예측 가능해졌다.

우주는 정말 무한히 광대하고, 한편으론 무한히 작으며, 이해하기 어려울 만큼 복잡한 것으로 보인다. 인간이 무언가를 탐구하면 그게 무엇이든 더 많은 것들이 발견되었다. 그럼에도 불구하고 "항상 더 많은 것들이 존재한다"는 자연의 법칙에서 인간의 삶만이 예외란 말인가? 유독 인간의 삶은, 보이는 것이 전부라는 말인가?

"항상 더 많은 것들이 존재한다"는 법칙에 해당하는 사례가 무한히 많다면, 인간이 그 법칙의 예외일 확률은 1을 무한대로 나눈 값이다. 1 나누기 무한대가 0에 수렴한다는 것쯤은 실제 계산해보지 않아도 알 수 있다. 따라서 "항상 더 많은 것들이 존재한다"는 규칙은 우리의 측량을 넘어선 훨씬 더 복잡하고 다차원적인 세상이 존재한다는 것을 말해주고 있는 듯 보인다.

우리는 자연이 모든 것을 보존한다는 것도 알고 있다. 분자도, 원자도, 전자도, 광자도 상태가 변하긴 하지만 사라지지는 않는다. 대신 에너지나 파동, 혹은 다른 형태로 변환될 뿐이다. 만약 죽음도 상태가 변하는 것일 뿐이라면 우리가 볼 수 있는 것과 볼 수 없는 것 모두는 변환 이후에도 보존되어야 한다. 여기서 볼 수 없는 것에는 인격 같은 것이 포함된다. 만일 그렇다면, 우리는 죽음 이후에도 각 개인의 고유성이 보존될 수 있는 다른 방식이 있다고 좀 더 확신할 수 있을 것이다.

예상되는 반론에 답하기 위해 개인의 인격이 사망 이후 보존되지 않는다고 가정해보자. 그렇다면 우리는 역사상 귀신을 보았다는 수백만 건의 증언이 모두 조작이었다고 인정해야 한다. 그럼 귀신을 보았다고 주장한 사람들은 모두 거짓말쟁이거나 망상을 한 것일까?

예를 들어 역사상 귀신을 본 사람이 100만 명이라고 가정해보자. 이것도 굉장히 보수적으로 낮게 잡은 수치다. 그리고 이들 중 99.99%의 사람들은 모두 망상을 보았거나 이야기를 지어낸 거라고 가정하자. 99.99% 정도면 꽤 높게 잡은 것이다. 그렇다면 기록이 남아 있는 지난 5,000년의 역사를 통틀어 사후세계를 목격한 사람은 총 100명(100만 명의 0.01%)이다. 그러나 사후세계가 존재함을 증명하려면 단 한 명의 목격자만으로도 충분하다. 그러므로 만약 사후세계를 본 사람이 100명 존재한다면 필요한 증거의 100배를 가지고 있는 셈이다(이 계산법에 따르면 귀신목격담의 99.9999%가 거짓이었다고 하더라도 사후세계의 존재는 여전히 증명된다.)

게다가 사후세계가 없다면 이는 자연이 거짓말을 하고 있다는 것이다. 우리의 존재가 사망 이후에도 보존되지 않는다면, 왜 우리 중 일부는 최면을 통해 전생을 경험하겠는가? 그 모든 정보가 실제로 뇌에 저장돼 있는 것 아닌가? 그것은 단지 마음이 즉흥적으로 창조해낸 것, 또는 미리 프로그램된 판타지란 말인가? 그것도 매번?

그렇다면 사후세계의 증언들이 꽤나 일관되다는 것을 어떻게 설명할 것인가? 따뜻한 느낌, 하얀 빛, 과거의 사랑하던 사람이 안아주는 기분…. 사후세계가 없다면 우리는 이러한 경험들이 모두 조작이며 죽음의 공포를 달래기 위해 만들어낸 일종의 '출구루틴'이라고 결론 내려야 한다.

소프트웨어 엔지니어는 컴퓨터 프로그램의 완결성을 보존하고 작동 순서를 기억하기 위해 출구루틴을 만든다. 이 출구루틴이 있어야만 프로그램을 다른 컴퓨터에서 다시 사용할 수 있으며 프로그램이 비정상적으로 종료되었을 때도 재사용이 가능해진다. 만약 사후세계가 단지 '출구루틴'이라면 자연은 쓸모없는 것에 너무 많은 능력을 낭비한지도 모른다. 그러나 우리가 아는 한, 자연은 아무것도 낭비하지 않는다. 그래서 아마 인간이라는 '프로그램'은 죽음과 동시에 다른 보관함에 '저장'되는 것일 테다. 티베트의 합법적인 통치자이자 불교 지도자인 달라이 라마Dalai Lama는 이 이론을 기꺼이 지지해야 할 것이다. 그는 자신이 13번이나 환생하여 각기 다른 모습으로 세상에 돌아왔다고 믿고 있지 않은가.

윤회는 종교적 개념으로, 지어낸 이야기일 가능성이 있다. 그러나 어쩌면 과학에서도 우리 인간의 불멸성에 대한 근거를 찾을 수 있을지 모른다.

오랫동안 천체물리학자들은 거대한 폭발로 지금의 우주가 탄생했다는 빅뱅이론을 수학적으로 증명하기 위해 고심했다. 요점만 말하면, 적어도 아이작 뉴턴이라는 위대한 물리학자의 이론에 비추어봤을 때 우주에는 은하계를 형성시킬 만큼 풍부한 물질이 존재하지 않았다. 그렇다면 빅뱅이 발생한 이유는 다음의 세 가지 중 하나가 될 것이다.

1. 지난 300년 동안 뉴턴의 이론을 입증할 증거가 끊임없이 발견됐지만 어쨌든 뉴턴이 틀렸다.
2. 은하계는 실제로 존재하지 않는다.

3. 과학자들이 발견할 수 있는 것보다 더 많은 물질이 우주에 존재한다.

뉴턴과 우리에게 다행스럽게도, 천체물리학자들은 3번을 정답으로 선택했다. 그래서 그들은 '암흑물질'이라는 개념을 생각해 냈다. 암흑물질은 눈에 보이지는 않지만 우주 질량의 약 90%를 차지하는 것으로 알려져 있다. 과학자들은 다시 한번 뉴턴 물리학의 권위를 확립할 수 있었다. 그로부터 몇 년 후, 여전히 볼 수는 없지만 암흑물질에 대한 확실한 증거가 실제로 발견되었다. "항상 더 많은 것들이 존재한다"는 규칙은 우리가 보거나 만질 수 없는 것에도 적용된다.

그렇다면 가능성은 둘 중 하나다. 인간이 자연의 보존법칙에서 유일하게 예외이거나, 아니면 사후세계가 존재하거나. 역사상 인간이 겪은 모든 전생체험은 다 조작이거나, 아니면 사후세계가 존재하거나. 모든 사후세계의 경험은 환상이거나, 아니면 사후세계가 존재하거나. 정상의 범주를 뛰어넘는 모든 경험은 망상이거나, 아니면 사후세계가 존재하거나. 모든 종교는 만들어진 것이고 예수는 부활하지 않았으며 달라이 라마는 13번은 고사하고 한 번도 환생한 적이 없거나, 아니면 사후세계가 존재하거나. 인간은 "항상 더 많은 것이 존재한다"는 규칙에서 예외이거나, 아니면 사후세계가 존재하거나.

이렇게 경험과 추론을 축적해보면 사후세계가 존재한다는

추론이 꽤나 합리적이라는 것을 알 수 있다. 그러나 오직 믿음이 매우 강한 사람만이 이를 확신할 수 있을 것이다. 그 밖의 우리들은 '암흑물질'이라는 개념을 만들어낸 과학자들과 마찬가지로, 이 믿음을 지지하는 증거를 얻을 때까지 기다려야 할 것이다.

37장

우주에는 우리뿐인가?

"세상에 평범한 인간이라는 게 존재한다고는 생각지 않는다."

찰스 디킨스 Charles Dickens

수만 명, 어쩌면 수백만 명의 사람이 외계에 지능을 가진 생명체가 살고 있다는 명백한 증거를 목격했다고 믿는다. 그러나 미 항공우주국NASA과 공군을 포함해 신뢰할 만한 기관들은 이러한 관측을 뒷받침할 어떠한 확실한 증거도 찾지 못했다.

외계인의 존재에 대한 확실한 증거가 없다 해도 그것으로 우리가 우주의 유일한 생명체임이 증명되지는 않는다. 가장 확실한 방법은 태양계와 은하계, 온 우주에 있는 행성을 일일이 방문하는 것이다. 그것도 이 우주가 유일한 우주라는 전제 하에서 말이다. 엄청난 시간과 비용을 들여서 이것을 해낸다 하더라도 그 결과조차 결정적 증거는 되지 못한다.

1993년부터 NASA의 과학자들은 'ALH84001(Allan Hills

84001)'이라는 재미있는 별명의 암석을 연구해왔다. 남극에서 발견된 이 암석은 화성에서 떨어진 것이라는 설이 있다. 이 암석 안을 들여다보면 원시적 형태의 생명체처럼 보이는 작은 박테리아 형태의 구조를 발견할 수 있다. 일부 과학자들은 이것이 분명 외계 생명체의 증거라 굳게 믿고 있으며, 어떤 과학자들은 동의하지 않고, 어떤 과학자들은 더 많은 자료가 발굴되길 기다리고 있으며, 어떤 과학자들은 이 암석이 화성에서 온 것이 맞는지조차 믿지 못하고 있다. 그러나 과거 화성에 원시적 차원의 생명체가 존재했다는 것이 입증된다 하더라도(암석의 나이는 수십억 년이다), 그래서 지적 생명체가 존재하는가의 여부는 전혀 다른 문제다. 그리고 이 질문은 앞으로도 오래도록 지속될 것이다.

1961년, 유명한 과학자들 몇몇은 더 이상 이 문제를 지체할 수 없다고 결론내리고 웨스트버지니아 주 그린뱅크에 있는 국립전파천문대에 모였다. 지능을 가진 외계 생명체의 존재 가능성을 예측할 수 있는 모델을 만들 수 있는지 알아보기 위해서였다. 그들은 천문학계에서 '그린뱅크 방정식' 또는 '드레이크 방정식'이라 불리는 간단한 수식 하나를 만들어냈다. 이는 은하계(우리은하)에 존재하는 행성 중 지능이 있는 생명체가 생존할 수 있는 행성이 얼마나 되는지 예측하게 해준다. 그 수식은 다음과 같다.

$$N = R^* \times f_p \times n_e \times f_l \times f_i \times f_c \times L$$

N = 지적 생명체가 존재하는 은하계 행성의 수

R^* = 우리은하 안에서 1년 동안 탄생하는 항성의 수

f_p = 이들 항성들이 행성을 가지고 있을 확률

n_e = 항성에 속한 행성들 중에서 생명체가 살 수 있는 환경을 갖춘 행성의 수

f_l = 그래서 실제로 그 행성에서 생명체가 탄생할 확률

f_i = 탄생한 생명체가 지적 생명체로 진화할 확률

f_c = 지적 생명체가 진보된 기술문명을 발달시킬 확률

L = 진보된 기술문명이 존속할 수 있는 기간

논란의 여지는 있지만 각 변수에 대입된 초기 값은 다음과 같다. R^*=10개, f_p=0.5, n_e=2. f_l=1, $f_i \times f_c$=0.01, L=10년. 이 값을 토대로 우리은하에서 지적 생명체가 살아가는 행성의 수를 계산하면 다음과 같다.

$$10 \times 0.5 \times 2 \times 1 \times 0.01 \times 10 = 1$$

결국 드레이크 방정식은 인간이 우리은하에 존재하는 유일한 지적 생명체라고 결론내리고 있다. 그러나 방정식에 대입한 값들은 어디까지나 추정치에 불과하다. 특히 L(진보된 기술문명이

존속할 수 있는 기간)이 그러하다. 냉전이 정점이던 1961년에는 고작 10년으로 예측되었다. 오늘날 환경오염과 인구과잉으로 인류의 멸망 가능성이 높아지긴 했지만 그래도 모든 문명이 파괴되려면 적어도 10년 이상 걸릴 것이다(물론 앞으로 예상치 못한 다른 일이 일어나는 것도 가능은 하다).

예를 들어 L 값을 100년으로 늘리기만 해도 드레이크 방정식에서 지적 생명체를 잉태할 수 있는 행성의 개수는 10개로 늘어나게 된다. 실제로 칼 세이건Carl Sagan은 지적 생명체가 살 수 있는 행성의 수가 100개 이상일 것이라고 예측했다. 하나의 은하계 안에 약 200,000,000개의 별이 있다는 점을 생각해볼 때 이는 과장된 것으로 보이지 않는다. 드레이크 방정식의 창시자인 프랭크 드레이크Frank Drake는 최근 예상치를 10,000개에서 최대 100,000개로 늘렸다.

그러나 고려해야 할 또 다른 요소가 있다. 스티븐 호킹을 비롯한 여러 과학자들이 추정한 바에 따르면 우리은하를 포함한 우주의 나이는 약 15,000,000,000년이며 50억 년 정도 오차가 있을 수 있다. 따라서 우리은하에 10,000개의 지적 문명이 존재했고 이들이 10,000년 동안 지속되었다 하더라도 우리와 동시대에 존재할 가능성은 희박하다(10,000 곱하기 10,000은 1억이고 이는 100억의 1%에 불과하다).

결과적으로 우리는 은하계에 존재하는 유일한 지적 생명체인 것으로 보인다. 그러나 우주에는 여러 개의 은하가 존재한다. NASA는 최근 허블 망원경으로부터 얻은 자료에 입각해 우주에는 적어도 50억 개 이상의 은하계가 존재한다고 추산했다. 우리은하가 평균이라고 가정할 때 진보된 지적 생명체가 살아갈 수 있는 행성의 수는 최소 50억 개인 셈이다. 이는 앞서 드레이크 방정식에서 우리은하에 지적 생명체가 존재할 수 있는 행성이 하나(지구)밖에 없다고 추산한 것과 동일한 값이다. 한편 프랭크 드레이크가 당초 그런 행성의 개수를 10,000개라고 추정한 것을 생각해보면 우주에서 지적 생명체가 살아갈 수 있는 행성의 수는 500조 개로 늘어난다(10,000 곱하기 50억).

여기서 우리는 둘 중 하나를 인정하지 않을 수 없다. 첫째, 우주 전체가 오직 인간을 위해 만들어졌으며 우주에는 수십억 개의 항성을 보유한 수십억 개의 은하가 있지만 텔레비전이든 뭐든 문명 같은 건 전혀 존재하지 않는다. 둘째, 수십억~수조 개까지는 아니더라도 적어도 수백만 개의 행성에서 지적 생명체가 살아갈 수 있으며 그중 꽤 가까운 행성들(45광년 이내의 거리에 있는 것들)에서는 지금 현재 미키마우스 만화를 보는 생명체가 있을지도 모른다.

진짜 어려운 일은 우리별에서 상대 별로 이동해가는 것이다. 현존하는 외계 문명 중 가장 가까운 것이 안드로메다 어딘가에 있다면 우리는 그들을 방문하기 위해 약 220만 광년의 거리를 이동해야 한다. 광년이란 빛이 1년 동안 이동하는 거리로 약 94억 6,294만 킬로미터다. 평균 초속 16만 킬로미터(이는 빛의

속도의 약 54% 정도로 2.4초 만에 우리를 달에 데려다 줄 것이다)로 여행하는 우주선의 경우에도 안드로메다까지 약 410만 년이 걸릴 것이다. 그런 다음 외계인과 만난 소식을 지구에 전달하려면 또 다시 220만 광년이 걸릴 것이다.

광속보다 빨리 이동하는 법을 알아내지 못하는 한 외계인도 지구를 여행하려면 우리처럼 거리와 시간의 문제에 봉착하게 될 것이다. 지금까지 우리가 알아낸 지식의 한도 내에서 광속보다 빨리 이동하는 것은 불가능하다. 광속에 가까워질수록 사람은 더 무거워지며, 인내심이 부족한 우주여행자는 여행 내내 심각한 체중 문제를 겪게 될 것이다.

우리가 외계인과 접촉할 때까지, 또는 외계인이 우리에게 접촉해올 때까지, 우리는 우주의 다른 곳에 생명체가 있는지를 확신할 수 없다. 그리고 우주의 거리는 너무 넓어서 외계에 지적 생명체가 존재한다는 증거를 수집하려면 아주 오랜 시간이 걸릴 것이다. 수백만 년이 될 수도 있다.

이 불확실성은 우리에겐 어쩌면 잘된 일이다. 우주는 너무 광활하고, 우리가 알 수 있는 물리학적 지식에는 한계가 있다. 덕분에 인류는 수백만 년의 시간 동안 외계인의 침략 없이 진화해올 수 있었던 것이다.

어쩌면 그것은 신이 의도한 바인지도 모르겠다. 수백만 년 동안 스스로 살아남을 수 있음이 입증될 때까지 어떤 종족도 다른 외계 종족과 접촉할 수 없게 하는 것이다. 하지만 진화된 외계 종족이 지구를 찾아오는 게 아닐까 의심을 품게 만드는, 하지만 그다지 신빙성은 없는 증거가 이따금씩 나타난다. 아마 외계인들도 그들의 행성 밖에 다른 지적 생명체가 있다는 증거가 불충분해 증거수집을 위해 자기별을 떠나온 건지도 모르겠다.

38장

라파 누이의 메시지

"죽고 나면 할 말이 더 많을 것 같다."

에드윈 알링턴 로빈슨 Edwin Arlington Robinson (미국의 시인)

서기 400년 경 폴리네시아인들은 항해 도중 남태평양의 라파 누이 섬을 발견했다. 라파 누이 섬은 가장 가까운 문명지역에서 3,219킬로미터 이상 떨어져 있어 무역은 불가능했음에도 불구하고 문명이 번창하고 있었다. 기후는 거의 완벽에 가까웠다. 풍부한 담수가 있었고, 화산 토양은 두텁지는 않아도 매우 비옥했다. 그 당시 섬의 대부분은 다양한 생물이 서식하는 숲으로 덮여 있었다. 가장 큰 토착종은 높이가 24미터 이상이고 지름이 1.8미터가 넘는 야자수였다. 숲의 그늘 아래에서는 가금류를 포함해 30종 이상의 풍부한 식물과 야생 동물이 서식했다. 다른 남태평양의 섬에서처럼 열대어를 대량으로 쉽게 잡을 수는 없었지만 카누를 타고 나가면 심해 돌고래를 거의 무제한으로 잡을 수 있었다.

그 다음 천 년 동안, 이 외딴 섬의 인구는 4,000명에서 10,000명 정도로 증가했다. 그러나 자연 그대로의 고립된 천국이나 다름없던 이 땅을 인간이 서식하기에 적절한 곳으로 바꿔가는 과정에서 라파 누이 사람들은 삼림을 벌채했다. 비와 바람이 벌채로 노출된 표토를 파괴했다. 수자원과 가금류 및 먹잇감의 공급이 고갈되었다. 충분히 큰 나무가 더 이상 없었기 때문에 카누를 만들 수 없었고 낚시를 할 수도, 섬에서 탈출할 수도 없게 되었다.

라파 누이 주민들은 자기 스스로 파괴한 환경에 갇혀 버렸다. 자원이 부족해짐에 따라 부족들은 전쟁을 벌이기 시작했다. 마침내 그들은 식인 풍습에 빠졌고, 생태계는 물론 문명도 붕괴되었다. 1722년 부활절, 네덜란드 함장인 야콥 로게벤Jakob Roggeveen이 섬을 발견했을 때 인구는 2,000명도 채 남아 있지 않았다. 라파 누이의 주민들은 가난과 기근에 시달렸으며 얼마 되지 않는 식량에 의지하여, 그리고 서로를 잡아먹으며 비참한 삶을 겨우 이어가고 있었다.

노예무역의 급성장과 유럽 선교사들의 도래는 섬을 급속도로 파괴시켰다. 과거의 풍요롭던 생태계가 어떻게 파괴되었는지에 대한 구술 및 문서 기록도 이때 함께 파괴되었다. 1900년 당시 라파 누이 섬의 인구는 111명으로 줄어들었고 이름도 이스터 섬으로 바뀌어 버렸다.

그로부터 거의 백 년 후 그웬돌린 샤프는 라파 누이 섬을 방문했다. 그녀는 그 유명한 모아이 석상을 보러온 것이 아니다. 섬 주위를 둘러싸고 있는 모아이 석상은 어떤 것은 높이가 33미터나 되고 무게도 82톤에 달한다. 그웬은 오늘날 많은 인류학자들과 마찬가지로 라파 누이 문명의 부상과 몰락을 연구하러 온 것이다. 그러나 그녀는 섬의 슬픈 역사가 상당 부분 바로 이 석상에서 유래했다는 것을 알게 되었다.

모아이 석상은 라파 누이 주민들이 화산섬 중심부에서 채석한 암석으로 만든 것이다. 석상이 완성된 후 이들은 석상을 한 번에 하나씩 운반하여 섬 가장자리까지 이동시켜야 했다. 22킬로미터나 떨어진 곳으로 말이다. 돌들이 너무 크고 무거웠기 때문에 이를 옮기는 과정에서 여러 가지 공학적 발명이 생겨날 수밖에 없었다. 이는 어쩌면 모아이 석상보다 더 위대한 업적일 것이다. 섬의 토착종인 거대한 야자나무를 베어링처럼 사용하여 최종 목적지까지 마치 스케이트보드를 타듯 모아이 석상을 운반해 세울 수 있었다.

시간이 지남에 따라, 야자수 운반기술의 발명으로 종족 간 경쟁이 심해지면서 모아이는 점점 더 커졌다. 그러자 운반 과정에서 야자수가 점점 더 많이 필요하게 되었다. 인구가 증가하면 경작지도 더 많이 필요한 것처럼 말이다.

오늘날 라파 누이에는 큰 야자수가 없다. 300년 동안 야자수가 없었고 다시 자라나지도 않고 있다. 라파 누이의 사람들이 모두 베어버렸기 때문이다. 모든 나무를 말이다. 숲이 제공해주는 그늘이 없으니, 야생도 없다. 숲이 없으니, 표토도 없다. 표토가 없으니, 경작물도 없다. 야자수가 없으니, 카누도 없다. 카누가 없으니, 물고기도 없다. 식량이 없으니, 식인풍습이 생겼다.

라파 누이의 이야기를 접한 보통의 지각 있는 사람들처럼 그웬돌린도 라파 누이의 운명이 궁금해졌다. 그웬은 다른 이들과 달리 회계사의 딸이었다. 그녀는 샤프계산기를 꺼내어 몇 가지 계산을 시작했다.

- 첫째, 라파 누이 섬의 면적을 166제곱킬로미터로 계산했다.
- 둘째, 라파 누이가 가장 발전했을 때 최대 인구는 최소 4,000명에서 최대 10,000명으로 추정되며 그웬돌린은 그 평균값인 7,000명을 라파누이의 당시 인구로 추정했다.
- 셋째, 고립된 라파 누이 섬이 1제곱킬로미터당 얼마나 많은 인구를 수용할 수 있는가를 계산하기 위해 7,000을 165로 나누어 42.424라는 값을 얻어냈다.
- 넷째, 그웬돌린은 연감을 꺼내어 고립된 낙원에 다름 아닌 지구라는 행성의 면적이 남극을 제외하고 135,800,846제곱킬로미터라는 것을 알아냈다.
- 다섯째, 135,742,797 곱하기 42.424를 한 결과 이론적으로 지구가 수용할 수 있는 세계 최대 인구는 5,758,752,420명이라는 값을 얻어냈다.

• 마지막으로, 그웬은 유엔이 제작한 세계 인구시계를 인터넷으로 찾아보았다. 검색 당시 세계 인구는 5,900,000,000명이었으며 1제곱킬로미터당 43.4명이 살고 있었다. 이는 라파 누이 섬의 멸망 당시 인구밀도의 103%에 해당하는 값이다.

그웬은 깊이 숨을 들이마시며 그녀가 방금 발견한 사실들을 생각해보았다. 1500년 경 폴리네시아 문화는 오늘날 우리가 당연시하는 현대 기술—예를 들어 농업생산성을 현격히 향상시킬 기술이나 비료 같은 것—을 하나도 갖고 있지 않았다. 게다가 오늘날의 사람들은 거대한 석상의 운반과 건설에 몰두하지도 않는다.

한편 라파 누이는 화산섬이지만 그 땅은 거대한 사막화나 무분별한 도시화가 진행되지도 않았고 러시아와 캐나다처럼 거대한 툰드라로 변한 것도 아니다. 그리고 그 섬의 자원이 수조 장의 종이, 수십억 대의 가전제품, 수백만 개의 내연 기관, 수천 개의 발전소 등 무분별한 근대화 때문에 소멸된 것도 아니다.

그웬은 최근 평균 기대수명이 90년 이상이라는 것을 알게 된 후 몹시 낙담했다. 하지만 그녀는 세계 인구가 너무 많아져서 전쟁이나 재난 없이 유지할 수 있는 수준을 넘어섰다는 결론을 내리기 전에, 먼저 이를 뒷받침할 만한 증거들을 모아보았고 그 결과는 아래와 같다.

a) 열대우림의 파괴

b) 오존층의 고갈

c) 아프리카 및 다른 지역에서의 광범위한 기근과 질병의 발생

d) 지구 온난화

e) 하루에 40~60종 가량의 동식물 멸종

그웬은 지구 생태계가 그 한계에 도달해가고 있다고 결론을 내릴 수밖에 없었다. 그러나 라파 누이 섬의 인구가 최대 10,000명까지 유지되었다고 하면 1제곱킬로미터당 60.3명이 생존 가능한 셈이고 이는 세계의 인구밀도보다 38% 높은 수치다. 그웬은 지푸라기라도 잡는 심정으로 유엔의 인구 정보 네트워크 웹사이트를 좀 더 검색해보기로 했다. 거기에서 그웬은 유엔이 2030년 세계 인구를 82억 명으로 추정하고 있다는 것을 발견했다. 이는 1제곱킬로미터당 60.4명이다.

또한 그웬은 유엔의 추산에 따르면 세계 인구가 2200년경에는 116억 명으로 폭증할 것이라는 예측을 발견했다. 이는 인구밀도가 1제곱킬로미터당 85명인 셈이며 거의 낙원에 가까웠던 라파 누이조차 버텨내지 못한 인구밀도의 두 배에 달하는 수치다.

라파 누이 섬은 칠레에 합병되었고 모아이 석상을 보려는 관광객들이 늘어난 덕분에 오늘날 2,000명가량이 섬에 살고 있다. 이는 1제곱킬로미터당 12명 정도에 해당하는 수치다. 이 섬

에는 여전히 숲이 존재하지 않고 야자수도 없다. 농업도 없다. 라파 누이 섬은 멸망의 상징이 되어버린 석상을 보기 위해 몰려드는 관광객들 덕에 먹고 사는, 인구밀도가 낮은 섬이 되어버렸다.

모아이 석상의 대부분은 1700년대 후반에도 여전히 그 자리에 서 있었다. 이후 3~4세대에 걸쳐 라파 누이 시민들은 모아이 석상을 넘어뜨려 버렸다. 아마도 그들은 마침내 멸망의 원인을 깨달았던 것 같다.

후기

왜 잘못되는 일이 더 많은가

"인간이 가진 병폐 중 가장 으뜸은
운이 제멋대로 폭정을 휘두르는 것이다."
소포클레스 Sophocles

요즘처럼 힘든 시기를 보내는 동안 당신은 세상이 당신의 편이 아니라고 생각하게 되었을지 모른다. 그러나 그것은 잘못된 결론이다. 세상은 당신의 적이 아니다. 자연이 바로 당신의 적이다. 그리고 그것은 개인적인 경험일 뿐이다.

자연의 본질은 무한한 가능성이다. 어떤 행위에 대해서든 어느 시점에서든, 계산할 수도 없을 만큼 많은 일들이 펼쳐질 수 있다. 대부분의 경우 이는 좋은 소식이다. 길게 보면 무한 가능성의 원칙은 창조, 다양성, 그리고 삶이라는 미스터리에 꼭 필요하다.

그러나 하루하루 살아가는 인간의 삶은 조금 다를 수 있다.

무한 가능성의 원칙은 우리에게 늘 유리하게 작용하는 것은 아니다. 잘 풀리는 일은 유한하기 때문이다. 사실 인간은 누구나 사물을 그런 식으로 정의 내리는 경향이 있다. 예를 들어 잔디깎는 기계가 잘 작동하면 한 가지 일은 잘 풀리고 있다고 생각한다. 그러나 기계가 고장나버리면 하나가 아닌 여러 가지 일들이 잘못되고 있다고 느낀다.

우리가 일이 잘 풀리는 경우를 정의 내린다 할지라도 자연이 우리와 동일한 정의를 가지고 작동하게끔 만들 수는 없다. 대신 자연은 언제나 무한한 경우의 수를 가지고 어떤 일이든 벌어지게 한다. 무한한 경우의 수 가운데 대부분은 당신의 삶에 영향을 미치지 않지만 몇 가지 것들은 영향을 미칠 것이다. 그리고 그중 일부는 안 좋은 것도 있다. 불행히도 안 좋은 것의 가짓수는 무한히 크다.

봄을 맞아 창고에 있던 잔디깎이를 꺼내 처음으로 잔디를 깎아본 사람은 누구나 이 문제를 이해할 것이다. 제대로 굴러가는 건 딱 하나다. 잔디깎이 자체는 고장 나지 않았다는 것. 그러나 겨울 동안 여러 가지 문제가 발생할 수 있다. 점화플러그가 오염되어 엔진에 점화가 안 될 수도, 연료 탱크가 물에 젖어 복구불능 상태가 되었을 수도, 그 안에 있던 기름은 온통 끈적거리는 검은 풀떡처럼 변해 있을 수도, 플라스틱 스로틀이 부러지거나 스로틀 케이블이 녹슬어서 카뷰레터에 시동이 걸리지 않을 수도, 연료가 없을 수도, 날이 무뎌졌을 수도, 그 밖의 기타 등등의 사유로 잔디깎이를 쓸 수 없을지 모른다.

이것이 바로 '잔디깎이 원칙'이다. 일반적으로 한 가지 일은 올바르게 진행되지만 잘못될 수 있는 일은 무한대로 많다. (이는 '골프의 제1법칙'이라고도 불린다. 골프를 치는 사람이라면 누구나 이를 즉각적으로 이해할 수 있을 것이다.)

잔디깎이 원칙은 마당뿐 아니라 모든 곳에서 작동한다. 예를 들어, 출장을 가는 사람들은 이론적으로 제 시간에 목적지에 도달할 수 있어야 한다. 그러나 실제로는 거의 그렇게 되지 않는다. 비행기가 관제탑의 승인 지연으로 게이트에 늦게 도착하거나, 지연된 비행기를 기다리느라 연결 항공편의 탑승이 지연되거나, 승무원이 새로 추가된 17개의 짐가방을 확인하느라 시간이 지체되거나, 기내식으로 제공할 코셔 파스타 샐러드의 수가 맞지 않아 이륙이 늦어지거나, 수하물이 분실되거나, 항공편이 취소되거나, 안개나 폭설 때문에 혹은 대통령 전용기가 도착해서 공항이 폐쇄되거나 하는 식이다.

잔디깎이 원칙에 따르면 제대로 진행되는 일보다 잘못되는 일이 훨씬 더 많다. 그러므로 부정적인 일이 일어날 가능성을 최소화하고 긍정적인 일이 일어날 가능성을 최대화하는 것이 우리가 평생에 걸쳐서 노력해야 하는 일이다. 의심의 여지없이 일어날 가능성을 최소화해야 하는 가장 부정적인 일은 인류의 멸종이다. 지구의 진화를 연구하는 과학자들에 따르면 지구에 살았던 모든 생명체 중 약 99.9%가 현재는 멸종되었다.

인간의 경우는 다르다고, 인간의 생존율이 1,000분의 1보다는 높다고 믿고 싶을 것이다. 수백만 년간 생존하면서 인간은 사자, 호랑이, 곰, 빙하기, 화산 폭발, 지진, 쓰나미, 토네이도, 허리케인, 홍수, 가뭄, 기근, 전염병, 전쟁, 그리고 영국 로큰롤의 침입에서도 살아남았다.

하지만 더 많은 일이 잘못 될 것이다. 현존하는 동식물 중 90% 이상이 향후 수백만 년 안에 멸종할 수도 있다. 우리가 멸종의 운명을 피하려면 진화해야 할 것이다. 그러나 정보화 시대에서의 생존은 석기 시대에서의 생존과는 매우 다르다. 이 새로운 시대에, 그리고 그 이후의 모든 시대에도, 우리의 생존은 얼마나 잘 싸우느냐가 아니라 얼마나 용기 있게 옳은 일을 하느냐에 달려 있다.

이 중요한 노력을 함에 있어 연산은 다음의 사항을 알려준다.

- 우리 각각은 하나뿐이지만 나머지 사람들은 많다
- 지금이라는 순간은 짧지만 미래는 무한히 길다.
- 하나의 이성적 행위가 천 가지의 무지한 행위보다 중요하다.

지능은 단순히 신이 준 선물이 아니다. 그것은 선택이다. 지능을 발전시켜라.

산수의 감각

초판 1쇄 발행 | 2018년 3월 23일
초판 2쇄 발행 | 2019년 4월 25일

지은이 조지 셰프너
옮긴이 김수경
책임편집 박선진

펴낸곳 (주)바다출판사
발행인 김인호
주소 서울시 마포구 어울마당로5길 17 5층
전화 322-3885(편집), 322-3575(마케팅)
팩스 322-3858
E-mail badabooks@daum.net
홈페이지 www.badabooks.co.kr

ISBN 978-89-5561-506-7 03320